Kohlhammer

Deutsche Heilpädagogische Gesellschaft
(DHG)

Standards zur Teilhabe von Menschen mit kognitiver Beeinträchtigung und komplexem Unterstützungsbedarf

mit einem Vorwort von Prof. Dr. Iris Beck

mit Beiträgen von
Carmen Badura, Heinz Becker, Dr. Christian Bradl,
Prof. Dr. Friedrich Dieckmann, David Cyril Knöß,
Carsten Krüger, Prof. Dr. Vera Munde,
Andrea Pistorius, Rudi Sack, Dr. Monika Seifert,
Susanne Siebert, Prof. Dr. Erik Weber

Verlag W. Kohlhammer

Dieses Werk einschließlich aller seiner Teile ist urheberrechtlich geschützt. Jede Verwendung außerhalb der engen Grenzen des Urheberrechts ist ohne Zustimmung des Verlags unzulässig und strafbar. Das gilt insbesondere für Vervielfältigungen, Übersetzungen, Mikroverfilmungen und für die Einspeicherung und Verarbeitung in elektronischen Systemen.

Die Wiedergabe von Warenbezeichnungen, Handelsnamen und sonstigen Kennzeichen in diesem Buch berechtigt nicht zu der Annahme, dass diese von jedermann frei benutzt werden dürfen. Vielmehr kann es sich auch dann um eingetragene Warenzeichen oder sonstige geschützte Kennzeichen handeln, wenn sie nicht eigens als solche gekennzeichnet sind.

Es konnten nicht alle Rechtsinhaber von Abbildungen ermittelt werden. Sollte dem Verlag gegenüber der Nachweis der Rechtsinhaberschaft geführt werden, wird das branchenübliche Honorar nachträglich gezahlt.

Dieses Werk enthält Hinweise/Links zu externen Websites Dritter, auf deren Inhalt der Verlag keinen Einfluss hat und die der Haftung der jeweiligen Seitenanbieter oder -betreiber unterliegen. Zum Zeitpunkt der Verlinkung wurden die externen Websites auf mögliche Rechtsverstöße überprüft und dabei keine Rechtsverletzung festgestellt. Ohne konkrete Hinweise auf eine solche Rechtsverletzung ist eine permanente inhaltliche Kontrolle der verlinkten Seiten nicht zumutbar. Sollten jedoch Rechtsverletzungen bekannt werden, werden die betroffenen externen Links soweit möglich unverzüglich entfernt.

1. Auflage 2021

Alle Rechte vorbehalten
© W. Kohlhammer GmbH, Stuttgart
Gesamtherstellung: W. Kohlhammer GmbH, Heßbrühlstr. 69, 70565 Stuttgart
produktsicherheit@kohlhammer.de

Print:
ISBN 978-3-17-039520-6

E-Book-Formate:
pdf: ISBN 978-3-17-039521-3
epub: ISBN 978-3-17-039522-0
mobi: ISBN 978-3-17-039523-7

Inhaltsverzeichnis

Vorwort		7
1	Einführung	11
2	Leitbegriffe	16
	2.1 Teilhabe	16
	2.2 Selbstbestimmung	18
	2.3 Personenzentrierung	22
	2.4 Sozialraumorientierung	24
3	Teilhabe und Assistenz	28
	3.1 Fachliche Herausforderungen	29
	3.2 Rechtliche Aspekte	31
	3.3 Fachliche Standards	34
4	Teilhabe und Pflege	45
	4.1 Fachliche Herausforderungen	45
	4.2 Rechtliche Aspekte	55
	4.3 Fachliche Standards	58
5	Individuelle Teilhabeplanung und Teilhabemanagement	63
	5.1 Fachliche Herausforderungen	63
	5.2 Rechtliche Aspekte	68
	5.3 Fachliche Standards	70
6	Teilhabe im Sozialraum	77
	6.1 Fachliche Herausforderungen	77
	6.2 Rechtliche Aspekte	88
	6.3 Fachliche Standards	90
7	Teilhabe am Arbeitsleben	99
	7.1 Fachliche Herausforderungen	99
	7.2 Rechtliche Aspekte	103
	7.3 Fachliche Standards	105

8	Zielperspektive Lebensqualität	110
8.1	Bedeutung für Menschen mit hohem Unterstützungsbedarf	112
8.2	Bedingungsfaktoren für das individuelle Wohlbefinden	116

Autorinnen und Autoren **119**

Informationen zur DHG **121**

Vorwort

Standards sind Festlegungen für die Art und Weise, wie Prozesse gestaltet sein sollen, um bestimmte Ziele zu erreichen. Sie beschreiben Anforderungen und Kompetenzen, Bedingungen und Wissensbestände und beruhen auf Modellen von Entwicklungszielen. Standards liegen vor den Kompetenzen, die Ziele vor den Standards und vor den Zielen liegt deren Begründung. Entscheidend dafür, dass es zur Formulierung von Standards als Richtschnur kommt, ist also die Anerkennung und Geltung des Ziels.

Die Durchsetzung von Bildungs- und Teilhaberechten für Menschen mit Behinderung war historisch ein sehr langer Prozess, und er musste für jede Gruppe aufs Neue durchgesetzt werden. Angesichts von starren Verhältnissen, die Entwicklung, Bildung und Teilhabe auf der Basis defizitärer Menschenbilder verwehrten, war die Etablierung neuer Formen historisch häufig »ein kühnes Unternehmen«[1]. Die gesellschaftliche Steuerung von Lebenslagen durch Recht und Politik bedeutet nichts Geringeres als den »Erhalt von Lebenschancen aus der gesellschaftlichen Produktion als Sozialgüter«[2], und die generationsprägende Wirkung von großen Reformen lässt sich an Lebensläufen belegen. Die Dynamik des Zugewinns – oder aber des Verlustes von Bildungs- und Teilhabechancen – zeigt sich bei Menschen mit Behinderung in besonderem Maß, denn ihre Lebenslage wird hochgradig von den sozialen Leistungen und Rechten beeinflusst. Wenn man über Teilhabe spricht, spricht man also über nichts weniger als über die individuelle Lebensführung; und dabei geht es um die grundsätzliche Frage, ob Handlungsspielräume für die Lebensführung vorhanden und so gestaltet sind, dass es neben den Zwängen und Abhängigkeiten auch freie Wahlmöglichkeiten gibt, ob über Zugehörigkeit und Anerkennung identitätsstärkende Erfahrungen gemacht werden können und man den Alltag ebenso wie sich stellende Belastungen bewältigen kann.

Die Deutsche Heilpädagogische Gesellschaft (DHG) setzt sich seit 1991 kontinuierlich für die Verbesserung der Lebenschancen von Menschen mit kognitiven Beeinträchtigungen und einem komplexen Unterstützungsbedarf ein, eine Gruppe, deren Bildungs- und Teilhaberechte als letzte anerkannt wurden. So äußerte sich der Verband Deutscher Sonderschulen (VDS, heute Verband Sonderpädagogik) 1983 zum ersten Mal überhaupt und dann äußerst verhalten zur Förderung der damals so genannten Schwerstbehinderten. Ein damals im Auftrag des VDS

---

1 Möckel, A. (1988): Geschichte der Heilpädagogik. Stuttgart: Klett-Cotta, S. 51
2 Ferber, C. von (1972): Der behinderte Mensch und die Gesellschaft. In: W. Thimm (Hrsg.): Soziologie der Behinderten. Neuburgweier, S. 31

von Georg Feuser erarbeitetes Papier war zuvor abgelehnt worden, weil es mit Begriffen wie Bildung und Integration zu progressiv war.³ Bis heute ist die Lage dieser heterogenen Gruppe von Menschen gekennzeichnet durch besonders hohe Beschränkungen des Zugangs zu gesellschaftlichen Handlungsfeldern und zu den Angeboten der Bildung und Beschäftigung, der Kultur, der Freizeit und des öffentlichen Lebens sowie der Gesundheit und Therapie. Dies gilt sowohl in Bezug auf das Regelsystem als auch auf das Sondersystem, und diese Beschränkungen zeigen sich empirisch deutlich, sei es mit Blick auf das Verbleiben in ›besonderen Wohnformen‹⁴ oder den Ausschluss von der Teilhabe am Arbeitsleben, sogar aus den Werkstätten für Menschen mit Behinderung (WfbM).

Mit der Ratifizierung der UN-Behindertenrechtskonvention (UN-BRK) und dem Inkrafttreten des Bundesteilhabegesetzes (BTHG) wurde nun nach Jahrzehnten wieder eine große Reform-Dynamik in Gang gesetzt. Ihre Leitmotive sind Teilhabe/Partizipation und Selbstbestimmung, im Mittelpunkt steht die möglichst unabhängige individuelle Lebensführung und ihre Durchsetzung basiert nun auf Rechten. Die UN-BRK zeigt klar auf, dass es sich bei Marginalisierungs- und Diskriminierungsprozessen zentral um Menschenrechtsverletzungen handelt und diese Konsequenzen erzwingen. Es besteht eine Verpflichtung, den Zustand der starren Verhältnisse, wie er sich auch in Benennungen des Personenkreises als ›die, die keiner haben will‹, widerspiegelt, zu überwinden. Dafür müssen aber die bisherigen Exklusionsrisiken und Problemstellen genau in den Blick genommen und die rechtlichen Normen und fachlichen Ansprüche auf die Situation besonders hoher sozialer Abhängigkeit und erschwerter Partizipation hin durchdekliniert werden. Menschen mit einem komplexen Unterstützungsbedarf fallen aus Struktur- und Handlungslogiken, die sich an engen, schematischen Vorstellungen von ›Hilfebedarf‹, ›Bedarfsgruppen‹ und ›Leistungstypen‹ orientieren, heraus; ihr Bedarf wird zum ›Schnittstellenproblem‹, z. B. zwischen Pädagogik und Therapie oder Pädagogik und Pflege. Aus organisatorischen Unterschieden, die durch die Bildung von Hilfebedarfsgruppen stark gefördert werden, können inhaltliche Unterschiede werden, nämlich zwischen ›Teilhabe‹ und ›Pflege‹ oder ›Betreuung‹; dies hat spürbare Folgen für Denkweisen und Handlungsprozesse der Leistungserbringung und in deren Folge für die Handlungsspielräume der Menschen, z. B. wenn ›Wohnpflegeheime‹ sich maßgeblich an Pflegestandards ausrichten und dort grundsätzlich kein zweites Milieu vorgesehen ist.

---

3 Stinkes, U. (1998): Der Verband und die Erziehung schwer behinderter Kinder. In: A. Möckel (Hrsg.): Erfolg, Niedergang, Neuanfang. 100 Jahre Verband Deutscher Sonderschulen. München, S. 249–264.

4 Bundesministerium für Arbeit und Soziales (BMAS) (2016): Zweiter Teilhabebericht der Bundesregierung über die Lebenslagen von Menschen mit Beeinträchtigungen. Teilhabe – Beeinträchtigung – Behinderung. Berlin. Online verfügbar unter: https://www.bmas.de/SharedDocs/Downloads/DE/PDF-Publikationen/a125-16-teilhabebericht.pdf;jsessionid=8CE02DA5EF5244E1A90A223C461E7A83?__blob=publicationFile&v=9; Franz, D. & Beck, I. (2015): Evaluation des Ambulantisierungsprogramms in Hamburg. Forschungsbericht. Hrsg.: Arbeitsgemeinschaft der Freien Wohlfahrtspflege (AGFW) Hamburg e. V. Hamburg. Online verfügbar unter: https://www.agfw-hamburg.de/download/Ambulantisierung_Abschlussbericht_lang.pdf, Zugriff am 20.07.2020.

Die Corona-Pandemie hat Bruchstellen dieser Logik schonungslos offen gelegt und verstärkt: die Zwänge des Lebens und gesundheitlichen Risiken in zumeist nicht selbst gewählten Wohngruppen, die reduzierten sozialen Kontakte und die unzureichenden Teilhabemöglichkeiten, die sich mit Mängeln der Infrastrukturen vor Ort, z. B. dem Zugang zu gesundheitlichen und therapeutischen Angeboten, verbinden. Die Pandemie-Situation könnte zur Sicherung der überkommenen Strukturen beitragen, wenn nun das Spannungsfeld zwischen Gesundheitsschutz und Teilhabe einseitig aufgelöst und nicht die Verluste an Optionen und Entwicklungsmöglichkeiten aufgearbeitet werden, sowohl für den Einzelnen als auch für ein ›Leben im Gemeinwesen‹. Die Chance für neue Entwicklungen liegt hingegen in einer konsequenten Individualisierung, die zuerst und der ICF folgend am Verständnis des Bedarfes ansetzt, aber weitergehend darauf zielt, die Handlungsspielräume für die Lebensführung zu erhöhen, und zwar anhand daraufhin bezogener flexibler, angemessener und wirksamer – also professioneller und fachlich kompetenter – Leistungen.

Die konstitutiven Spannungsfelder zwischen Selbstbestimmung und Abhängigkeit, aber auch Sorge und Schutz, zwischen Wahlmöglichkeiten und Bindungen und Verpflichtungen lassen sich nicht auflösen, sie müssen und sie können gestaltet werden. Die DHG-Standards basieren auf der expliziten Auseinandersetzung mit diesen Spannungsfeldern und den bisherigen Bruchstellen und formulieren aus sozialrechtlicher und fachlicher Perspektive Anforderungen, was Unterstützung zur individuellen Lebensführung bedeutet. Sie setzen dabei am Kernproblem an: der Umsetzung der Person- und Sozialraumorientierung als den ›Schaltstellen‹ zur Verwirklichung der menschenrechtlichen Ansprüche. Sie stellen der Komplexität der Lebenslage ein komplexes, advokatorisches Assistenzkonzept bei, das auch im Fall der Angewiesenheit auf Stellvertretung und Deutung Kontrolle über das eigene Leben ermöglichen soll.

Die von der DHG vorgelegten Standards verbinden ausgehend von Zielbegründungen die Beschreibung der rechtlichen Normen mit fachlichen und wissenschaftlichen Wissensbeständen, Rahmenbedingungen und Anforderungen in einer Systematik, Tiefe und Breite, wie sie bisher nirgends vorgelegt wurde. Sie richten sich an alle im Feld Tätigen und Verantwortlichen im Sinne einer einzulösenden Agenda.

Hamburg, Januar 2021   Iris Beck

1 Einführung

Die *Deutsche Heilpädagogische Gesellschaft (DHG)* engagiert sich seit nahezu 30 Jahren als berufsübergreifender und interdisziplinärer Fachverband für die Verbesserung der Lebensqualität von Menschen mit kognitiven Beeinträchtigungen und komplexem Unterstützungsbedarf. Mit Aktivitäten wie Tagungen, Fachgesprächen, Expertisen, Stellungnahmen und DHG-Preis unterstützt die DHG innovative Ideen und Projekte, insbesondere zur Entwicklung inklusiver Wohnformen, zur Sozialraumorientierung, zur Quartiersentwicklung und für arbeitsweltbezogene Beschäftigungsangebote mit dem Ziel der Stärkung der Teilhabechancen.

DHG-Fachtagungen[5] zu Themen wie Selbstbestimmung und Assistenz, Hilfeplanung, Teilhabe, Sozialraumorientierung und Quartiersentwicklung boten in den vergangenen 20 Jahren ein Forum, um innovative Entwicklungen anzustoßen und voranzutreiben. Als Fachverband stellt sich die DHG nun der Aufgabe, *Leitziele und Handlungsempfehlungen für Fachkräfte und Dienste der Behindertenhilfe* zu entwickeln. Die folgenden Standards sind Ergebnis einer über zweijährigen Diskussion im Vorstand der DHG mit einem Kreis von Unterstützer*innen sowie eines Fachgesprächs im Rahmen der Mitgliederversammlung vom April 2018. Sie sollen Grundsätze und Handlungsempfehlungen für Methoden, Prozesse und Strukturen einer zeitgemäßen »guten Praxis« professioneller Unterstützung konkretisieren. Gerade im Prozess der Umsetzung und der Evaluation des Bundesteilhabegesetzes und damit der weiteren Entwicklung des neuen Teilhaberechts erscheint es notwendig und hilfreich, entsprechende fachliche Standards, fundiert durch wissenschaftliche Diskurse und Erkenntnisse, zu formulieren.

Im Mittelpunkt stehen *Menschen mit kognitiven Beeinträchtigungen*[6] *und komplexem Unterstützungsbedarf*. Der Personenkreis ist sehr heterogen. Dazu gehören

- Menschen mit erheblichen kognitiven und kommunikativen Beeinträchtigungen, die ihre Befindlichkeiten, Bedürfnisse und Interessen überwiegend nonverbal, über jeweils eigene Ausdrucksformen signalisieren;
- Menschen mit mehrfachen Beeinträchtigungen (körperlich, sprachlich oder sinnesbezogen, teilweise zusätzliche psychische Problemlagen und chronische Erkrankungen);

---

5 vgl. dazu die DHG-Schriften: www.dhg-kontakt.de/schriften/
6 leistungsrechtlich als »Geistige Behinderung« bezeichnet

- Menschen, deren Verhalten auffällt, die sich selbst oder andere gefährden, z. B. durch selbstverletzendes oder fremdverletzendes Verhalten gegen Personen und Sachen.

Allen gemeinsam ist, dass sie nicht oder nur bedingt für sich selbst sprechen können und bei der Wahrnehmung ihrer Rechte und Interessen anwaltschaftlicher Unterstützung bedürfen.

Der komplexe Unterstützungsbedarf fordert eine ganzheitliche Perspektive, die die Verwobenheit der vielfältigen individuellen Bedürfnisse und Bedarfe erkennt und auf der Handlungsebene integriert. Angesichts der Heterogenität des Personenkreises sind die Einschränkungen von Teilhabe nur personenzentriert beschreibbar und Unterstützungsbedarfe nur individualisiert realisierbar.

Die Begrifflichkeit und das Verständnis von Behinderung orientieren sich an der *Internationalen Klassifikation der Funktionsfähigkeit, Behinderung und Gesundheit (ICF)*[7]. Auf der Basis eines bio-psycho-sozialen Ansatzes wird Behinderung mehrperspektivisch im Rahmen einer Wechselwirkung zwischen körperbezogenen Faktoren, Umweltfaktoren und personenbezogenen Faktoren gesehen und als Einschränkung von Aktivitäten und Teilhabemöglichkeiten verstanden. Für den hier benannten Personenkreis sind Teilhabeeinschränkungen erheblich, in der Regel umfassend, d. h. sie beziehen sich auf alle ICF-Teilhabebereiche. Erforderlich sind entsprechend komplexe Unterstützungsleistungen und infrastrukturelle Rahmenbedingungen im Zusammenwirken verschiedener Leistungssysteme, um Teilhabebarrieren zu beseitigen bzw. zu reduzieren sowie Teilhabechancen zu erschließen bzw. zu erweitern. Fehlende oder unzureichende Unterstützungsangebote bedeuten für diese Menschen ein hohes Exklusionsrisiko. Wahlmöglichkeiten für kleinteilige Wohnsettings sind nach wie vor extrem beschränkt, institutionelle Strukturen sind in der Behindertenhilfe weithin vorherrschend.

Ergänzend zur ICF lenkt das *sozialwissenschaftliche Lebensqualität-Konzept*[8] den Blick auf menschliche Grundbedürfnisse, um einer vielfach praktizierten Verkürzung von vielfältigen Bedürfnissen auf leistungsrechtlich anerkannte Bedarfe entgegenzuwirken. In dem mehrdimensionalen Konzept werden objektive Lebensbedingungen und subjektives Wohlbefinden integriert. Die Leitfrage nach dem subjektiven Wohlbefinden mit entsprechenden Indikatoren für das physische Wohlbefinden, das soziale Wohlbefinden, das materiell bedingte Wohlbefinden, die persönliche Entwicklung und Aktivitäten sowie das emotionale Wohlbefinden ist eine wichtige personenzentrierte Orientierungshilfe für die Teilhabeplanung und die Evaluation von Assistenzleistungen, insbesondere für den hier betreffenden Personenkreis.

Rechtliche Grundlagen für Standards einer »guten Praxis« basieren vorrangig auf dem neuen Teilhaberecht des Bundesteilhabegesetzes (BTHG). Aus Sicht der DHG muss das Recht auf »*volle, wirksame und gleichberechtigte Teilhabe am Leben*

---

7 DIMDI 2005
8 Seifert 2002; vgl. auch Kap. 8 (Zielperspektive Lebensqualität) dieser Standards

in der Gesellschaft« (§ 91 SGB IX) für alle Menschen mit Behinderungen[9] unabhängig vom Unterstützungsbedarf, ohne Einschränkungen und mit Vorrang gelten. Mit den Pflegestärkungsgesetzen[10] und dem neuen Pflegebedürftigkeitsbegriff sowie den erweiterten Pflegeleistungen vergrößern sich die Schnittstellen des Pflegerechts zum Teilhaberecht. Konkrete Auswirkung auf Leistungsstrukturen sowie Umfang und Qualität von Assistenzleistungen haben die länderspezifischen BTHG-Ausführungsgesetze, Bedarfsermittlungsinstrumente sowie die jeweiligen Landesrahmenverträge. Einfluss nehmen auch die Wohn- und Teilhabegesetze der Bundesländer und die Aufsichtspraxis der jeweiligen Heimaufsichtsbehörden, z. B. hinsichtlich teilhaberelevanter Fachkonzepte.

Mit dem Inkrafttreten der UN-Behindertenrechtskonvention und des Bundesteilhabegesetzes (BTHG) stellen *Personenzentrierung und Teilhabe* die zentralen Leitbegriffe für eine zukunftsweisende Behindertenhilfe dar. Im Leistungsdreieck von Leistungsberechtigten, Leistungsträgern und Leistungserbringern stärkt das neue Teilhaberecht sowohl die Steuerungskompetenz durch die Leistungsträger der Eingliederungshilfe als auch die Rechte von Menschen mit Behinderungen. Deren *verstärkte Rechte* beziehen sich allgemein auf Selbstbestimmung, auf volle, wirksame und gleichberechtigte Teilhabe am Leben in der Gesellschaft, vor allem in der Teilhabe am Arbeitsleben und der sozialen Teilhabe.

Im Besonderen zielen sie darauf,

- dass die »Lebensplanung und -führung möglichst selbstbestimmt und eigenverantwortlich« wahrgenommen werden kann,
- dass Wünsche einschließlich nach einer »gewünschten Wohnform« und dem »Wohnen außerhalb von besonderen Wohnformen« berücksichtigt werden, »soweit sie angemessen sind«, und
- dass erforderliche Assistenzleistungen »zu einer möglichst selbstbestimmten und eigenverantwortlichen Lebensführung im eigenen Wohnraum sowie in ihrem Sozialraum« erbracht werden (§§ 91 SGB IX, 104 SGB IX und 113 SGB IX).

Zwar gelten diese verstärkten Rechte auf umfassende Teilhabe und erforderliche Assistenzleistungen in einer Wohnform nach Wahl *unabhängig vom Umfang des jeweiligen Unterstützungsbedarfs*, fehlende Ressourcen und fortbestehende institutionelle Strukturen bleiben jedoch wesentliche Barrieren für die Realisierung personenzentrierter Teilhaberechte. Außerdem stellt die Komplexität des Unter-

---

9 Die Verwendung des Begriffs »Menschen mit Behinderungen« ist hier und im Folgenden an der Bezeichnung des Personenkreises in der UN-BRK und im BTHG orientiert, die auf dem Behinderungsverständnis der ICF basiert. Im Teilhabebericht der Bundesregierung wird zwischen Behinderung und Beeinträchtigung unterschieden. Beeinträchtigung bezieht sich auf konkrete Einschränkungen, z. B. beim Gehen, Hören oder Sehen. »Erst wenn im Zusammenhang mit dieser Beeinträchtigung Teilhabe und Aktivitäten durch ungünstige Umweltfaktoren dauerhaft eingeschränkt werden, wird von Behinderung ausgegangen.« (BMAS 2013, 7).
10 Pflegestärkungsgesetze 1, 2 und 3 (2014–2016); vgl. Kap. 4 (Teilhabe und Pflege) dieser Standards

stützungsbedarfs sowohl an Leistungsträger (»Leistungen wie aus einer Hand«) als auch an Leistungserbringer (»Leistungsmix«, »Hilfen aus einer Hand«) zusätzliche Anforderungen an Koordination und Kooperation im Leistungssystem.

Viele rechtliche Ansprüche und fachliche Anforderungen des neuen Teilhaberechts sind erst noch mit Leben zu erfüllen. Die Realisierung einer umfassenden Teilhabe – ohne Exklusion und unabhängig vom Unterstützungsbedarf – bedarf einer systematischen Verankerung in der Umsetzung, Evaluation und Weiterentwicklung des Teilhaberechts. Die DHG-Standards zur Teilhabe bei komplexem Unterstützungsbedarf sind als Beitrag zum notwendigen Prozess der *Ausgestaltung, Konkretisierung und Umsetzung von Teilhabe in fachlicher, rechtlicher und sozialpolitischer Hinsicht* zu verstehen. Sie richten sich nicht nur an Leistungsträger und Leistungserbringer und deren Mitarbeitende, sondern auch an weitere Akteure wie Angehörige, Selbstvertretungsgruppen, Fach- und Berufsverbände sowie die Wissenschaft.

Komplexer Unterstützungsbedarf ist eine *interdisziplinäre und multiprofessionelle Aufgabe*. Dabei kommt in der alltagsgestaltenden Assistenz der pädagogischen Disziplin (Soziale Arbeit, Heilpädagogik, Andragogik) bzw. den pädagogischen Fachkräften (der Heilerziehungspflege und Heilpädagogik) mit ihren entwicklungs-, lebenswelt- und beziehungsorientierten Handlungsfeldern[11] und einem an Selbstbestimmung orientierten, komplexem Assistenzkonzept[12] eine herausragende Rolle zu. Unverzichtbar ist je nach Unterstützungsbedarf die Kooperation mit anderen Leistungssystemen, Disziplinen und Fachkräften (vor allem aus Sozialer Arbeit, Pflege, Medizin, Psychiatrie und Psychotherapie) und mit deren Kompetenzen in einem strukturierten Teilhabemanagement.

In Anbetracht eines Personenkreises, der sich nicht oder nur sehr eingeschränkt für seine Interessen artikulieren kann, sieht sich die DHG in der Verantwortung, entsprechende Standards zunächst in anwaltschaftlicher Vertretung zu formulieren. Gleichwohl stellt sich die DHG der noch offenen Herausforderung zur Entwicklung einer *Kultur der Selbstbestimmung und Beteiligung* bei komplexem Unterstützungsbedarf.

Im Rahmen der Umsetzung des BTHG konzentriert sich die DHG mit ihren Standards zur Teilhabe auf *fünf Handlungsfelder*: Teilhabe und Assistenz; Teilhabe und Pflege; Individuelle Teilhabeplanung und Teilhabemanagement; Teilhabe im Sozialraum; Teilhabe am Arbeitsleben. Es ist beabsichtigt, diese Standards in einem fortlaufenden Prozess sowohl fortzuschreiben als auch um weitere Standards zu erweitern.

Literatur

Bundesarbeitsgemeinschaft der Ausbildungsstätten für Heilerziehungspflege in Deutschland (BAG HEP) (2019): Qualifikationsprofil Heilerziehungspflege. Länderübergreifendes kompetenzorientiertes Qualifikationsprofil für die Ausbildung von Heilerziehungspfleger*innen an Fachschulen für Heilerziehungspflege. Online verfügbar unter: https://

---

11 vgl. BAG HEP 2019: Qualifikationsprofil Heilerziehungspflege
12 vgl. Kopyczinski 2016

www.akademie-schoenbrunn.de/fileadmin/data_akademie/Berufliche_Schulen/HEP_HEPH/Qualifikationsprofil_fuer_Heilerziehungspfleger.pdf, Zugriff am 29.06.2020.

Bundesministerium für Arbeit und Soziales (BMAS) (2013): Teilhabebericht der Bundesregierung über die Lebenslagen von Menschen mit Beeinträchtigungen. Teilhabe – Beeinträchtigung – Behinderung. Berlin. Online verfügbar unter: https://www.bmas.de/SharedDocs/Downloads/DE/PDF-Publikationen/a125-13-teilhabebericht.pdf?__blob=publicationFile&v=2, Zugriff am 30.07.2020.

Deutsches Institut für medizinische Dokumentation und Information (DIMDI) (Hrsg.) (2005): Internationale Klassifikation der Funktionsfähigkeit, Behinderung und Gesundheit (ICF). Genf: World Health Organization.

Kopyczinski, W. (2016): Assistenz zur Selbstbestimmung. Fachliche und menschenrechtliche Grundlagen zur Assistenz von Menschen mit kognitiver Beeinträchtigung. Marburger Beiträge zur Inklusion 01. Marburg: Lebenshilfe Hessen.

Seifert, M. (2002): Menschen mit schwerer Behinderung in Heimen. Ergebnisse der Kölner Lebensqualität-Studie. In: Geistige Behinderung, 41 (3), 203–222.

2 Leitbegriffe

Die DHG-Standards orientieren sich an Leitbegriffen, die im Bundesteilhabegesetz (BTHG) verankert sind und die fachliche Arbeit mit Menschen mit kognitiven Beeinträchtigungen und komplexem Unterstützungsbedarf bestimmen: Teilhabe, Selbstbestimmung, Personenzentrierung und Sozialraumorientierung. Sie werden im Folgenden kurz umrissen und hinsichtlich ihrer Bedeutung für die Arbeit mit dem Personenkreis erläutert.

2.1 Teilhabe

Die »volle und wirksame Teilhabe an der Gesellschaft« (participation) und die »Einbeziehung in die Gesellschaft« (inclusion) zählen zu den zentralen Grundsätzen der Behindertenrechtskonvention der Vereinten Nationen (Art. 3 UN-BRK).

In der Fachdiskussion erweist sich Teilhabe als unscharfer Begriff, der – je nach Interessenslage – unterschiedlich interpretiert wird. Insbesondere in der Arbeit mit Menschen mit komplexem Unterstützungsbedarf wird das *Recht auf Teilhabe am Leben in der Gemeinschaft* häufig missachtet. Separierende Unterstützungsstrukturen und Einstellungen von Entscheidungsträger*innen in Politik, Verwaltung und sozialen Diensten sowie tradiertes institutionelles Denken von Fachkräften erschweren die Umsetzung. Barrieren in der Umwelt verschärfen die Situation.

Der komplexe Wirkzusammenhang für die Realisierung von Teilhabe ist im *bio-psycho-sozialen Modell der WHO* dargestellt, das der ICF (Internationale Klassifikation der Funktionsfähigkeit, Behinderung und Gesundheit) zugrunde liegt.[13] Es zeigt die Wechselwirkungsprozesse zwischen einer Person mit einem Gesundheitsproblem und person- und umweltbedingten Kontextfaktoren auf, die Einfluss auf die Teilhabe an subjektiv bedeutsamen Lebenssituationen und Lebensbereichen haben. In diesem Modell wird *Behinderung als Beeinträchtigung der Teilhabe* definiert, als Ergebnis einer negativen Wechselwirkung zwischen den individuellen Voraussetzungen und den jeweils gegebenen person- und umweltbezogenen Bedingungen.

---

13 vgl. DIMDI 2005

Dieses Verständnis von Behinderung hat im BTHG seinen Niederschlag gefunden:

> »Menschen mit Behinderungen sind Menschen, die körperliche, seelische, geistige oder Sinnesbeeinträchtigungen haben, die sie in Wechselwirkung mit einstellungs- und umweltbedingten Barrieren an der gleichberechtigten Teilhabe an der Gesellschaft mit hoher Wahrscheinlichkeit länger als sechs Monate hindern.« (§ 2 Abs. 1 SGB IX).

Unter Bezugnahme auf die ICF nennt das BTHG neun *Teilhabebereiche*, die bei der Planung von Unterstützungsleistungen zu beachten sind und deren subjektive Bedeutsamkeit zu erkunden ist: Lernen und Wissensanwendung – Allgemeine Aufgaben und Anforderungen – Kommunikation – Mobilität – Selbstversorgung – Häusliches Leben – Interpersonelle Interaktionen und Beziehungen – Bedeutende Lebensbereiche (Bildung, Arbeit, wirtschaftliches Leben) – Gemeinschafts-, soziales und staatsbürgerliches Leben.

Die Konkretisierung dieser Bereiche lässt die *Mehrdimensionalität des Begriffs Teilhabe* erkennen. Er umfasst sowohl die individuelle Ebene im häuslichen und außerhäuslichen Bereich als auch die soziale, kulturelle, materielle, rechtliche und politische Ebene. Dabei kommen jeweils unterschiedliche Aspekte von Teilhabe zum Tragen:[14]

- *Teil-Sein* als Ausdruck »der ungeteilten bürger- und sozialrechtlichen Zugehörigkeit zum ›Ganzen‹ der Gesellschaft und das Gefühl, in einer lokalen Gemeinschaft respektiert zu sein und gebraucht zu werden«;
- *Teilhabe* als »Einbeziehung in gesellschaftliche Aktivitäten und Entscheidungen, aber auch die Teilhabe an gesellschaftlichen Gütern wie Sicherheit, Wohnung, Arbeit und Sozialen Leistungen«;
- *Teilnahme* als aktiver Aspekt, »der eine Aufforderung und die Chance enthält, die Bürgerrolle engagiert wahrzunehmen, Gestaltungsmacht und Möglichkeiten zu nutzen, die Lebensbedingungen im eigenen lokalen Lebensumfeld mitzubestimmen und durch eigene Ideen und Handeln zu bereichern«.

Als *Ziel einer teilhabeorientierten Unterstützung* formuliert das BTHG, »die persönliche Entwicklung ganzheitlich zu fördern und die Teilhabe am Leben in der Gesellschaft sowie eine möglichst selbständig und selbstbestimmte Lebensführung zu ermöglichen oder zu erleichtern« (§ 4, Abs. 1,4 SGB IX). Ausgangspunkt sind jeweils die persönlichen Wünsche und Interessen (§ 117 Abs. 1 SGB IX).

Auf den Alltag von Menschen mit *komplexem Unterstützungsbedarf* bezogen sind die Inhalte der Teilhabebereiche der ICF jeweils zu spezifizieren. Bedeutsame Aspekte sind zum Beispiel:

1) Gelegenheit für Lernen und Entwicklung zu haben;
2) Anforderungen im Alltag bewältigen zu können;

---

14 vgl. Kardorff 2010, 136f.

3) mit anderen in (nonverbalen) Dialog treten zu können;
4) sich innerhalb und außerhalb des Wohnbereichs bewegen zu können;
5) bei der Selbstversorgung aktiv eingebunden zu sein;
6) an haushaltsbezogenen Aktivitäten beteiligt zu sein;
7) tragfähige soziale Beziehungen zu haben;
8) in Lebensbereiche einbezogen zu sein, die subjektiv bedeutsam sind (z. B. Bildung, arbeitsweltbezogene Tätigkeiten, Freizeit);
9) als Bürger*in am Leben in der Gemeinde teilzunehmen.

Wesentliche Grundlage für die persönliche Entwicklung und individuelles Wohlbefinden von Menschen mit komplexem Unterstützungsbedarf ist das Erleben von Teilhabe auf elementarer Ebene, insbesondere im Feld zwischenmenschlicher Beziehungen. Das ist der Kern eines ethisch-anthropologischen Verständnisses von Teilhabe:

> »Teilhabe verwirklicht sich im Stiften eines sozialen Bandes und im Schaffen gemeinsamer Gestaltungsräume, wie sie sich im Geben, Annehmen und Erwidern zwischen Menschen ereignen.«[15]

Das Recht auf Teilhabe ist voraussetzungslos. Die Gewährung von Teilhabeleistungen (Eingliederungshilfe) kann darum nicht an die im BTHG verankerte Erreichbarkeit festgelegter Teilhabeziele durch Förderung geknüpft werden (sog. Befähigungsansatz § 76 Abs. 1 SGB IX).

Literatur

Deutsches Institut für medizinische Dokumentation und Information (DIMDI) (Hrsg.) (2005): Internationale Klassifikation der Funktionsfähigkeit, Behinderung und Gesundheit (ICF). Genf: World Health Organization. Online verfügbar unter: https://www.dimdi.de/dynamic/de/klassifikationen/icf/, Zugriff am 28.06.2020.

Fornefeld, B. (2019): Teilhabe ist Gabe. Zum Verständnis von Teilhabe im Kontext von Erwachsenen und alternden Menschen mit Komplexer Behinderung. In: Teilhabe, 58 (1), 4–9.

Kardorff, E. von (2010): Gesellschaftliche Teilhabe psychisch kranker Menschen an und jenseits der Erwerbsarbeit. In: H. Wittig-Koppe, F. Bremer & H. Hansen (Hrsg.): Teilhabe in Zeiten verschärfter Ausgrenzung? Kritische Beiträge zur Inklusionsdebatte. Neumünster: Paranus, S. 129–139

2.2 Selbstbestimmung

Zu den zentralen Grundsätzen der UN-Behindertenrechtskonvention (UN-BRK) zählt »die Achtung der dem Menschen innewohnenden Würde, seiner indivi-

---

15 Fornefeld 2019, 8

duellen Autonomie, einschließlich der Freiheit, eigene Entscheidungen zu treffen, sowie seiner Unabhängigkeit«[16] (Art. 3 a UN-BRK).

Das Erreichen von *Unabhängigkeit* im Sinne einer selbstbestimmten Lebensführung ist der Kern des Modells der Persönlichen Assistenz, das seine Wurzeln in der Behindertenbewegung hat. Nach diesem Modell liegt die sog. Regiekompetenz zur Realisierung eines selbstbestimmten Lebens ausschließlich bei den Assistenznehmer*innen.[17] Menschen, die über eine solche Regiekompetenz nicht verfügen, brauchen mehr als einen »verlängerten Arm« zur Kompensation bestehender Beeinträchtigungen. Ihr *Unterstützungsbedarf ist »komplex«* und kann nicht auf einzelne Aktionen reduziert werden. Er fordert eine ganzheitliche Perspektive, die die Verwobenheit der vielfältigen individuellen Bedürfnisse und Bedarfe erkennt und auf der Handlungsebene integriert: bei der Bewältigung des Alltags, bei der Entwicklung ihrer Identität, im kommunikativen, meist nonverbalem Austausch, im persönlichen Empowermentprozess, beim Aufbau und Erhalt sozialer Beziehungen, bei der Teilhabe am gesellschaftlichen Leben in der Gesellschaft und bei der Wahrnehmung der eigenen Interessen und Rechte.

Die *Lebensbedingungen* dieses Personenkreises sind in hohem Maße durch Einstellungen, Entscheidungen und Handlungen derer bestimmt, die Verantwortung dafür tragen – im Bereich von Politik und Verwaltung, die die Rahmenbedingungen setzen, in Organisationen und Institutionen, die ihnen die Hilfen gewähren, in der Gemeinde, in der sie leben, und im Wohnalltag, der wesentlich durch das Handeln der Mitarbeitenden von Einrichtungen und Diensten geprägt ist. Die *Beteiligung an der Gestaltung der eigenen Lebenssituation* ist für Menschen mit komplexem Unterstützungsbedarf nicht selbstverständlich, ihre Fähigkeit für Selbstbestimmung und Mitwirkung wird oftmals in Frage gestellt. Notwendige Voraussetzung für mehr Beteiligung ist eine Organisationskultur, die die Perspektive der Nutzer*innen – als Expert*innen ihrer Lebenswelt – zum Orientierungspunkt ihrer Arbeit erklärt.

Menschen mit komplexen Beeinträchtigungen erschließen sich vor allem in elementaren Bereichen Möglichkeiten, auf die Gestaltung des eigenen Lebens unmittelbar Einfluss zu nehmen, zum Beispiel bei der Wahl von Speisen und Getränken, bei der Körperpflege oder bei Freizeitbeschäftigungen. Sie signalisieren Zustimmung, Ablehnung oder Verweigerung auf vielfältige Weise, meist nonverbal – reaktiv oder eigeninitiativ – durch ein jeweils spezifisches Ausdrucksverhalten. Auch als herausfordernd definiertes Verhalten kann als psychisch-emotional bedingter kommunikativer Ausdruck verstanden werden. Hier gilt es Verhaltensalternativen zu entwickeln, damit sie ihre Bedürfnisse in weniger herausfordernder oder selbstschädigender Art bewältigen und ihre Spielräume für Selbstbestimmung erweitern können.

---

16 In der Schattenübersetzung durch NETZWERK ARTIKEL 3 e.V. wird der englische Originalbegriff »independence« mit »Selbstbestimmung« übersetzt.
17 vgl. Frehe 1999. Regiekompetenz umfasst: Personalkompetenz – Organisationskompetenz – Anleitungskompetenz – Raumkompetenz – Finanzkompetenz – Differenzierungskompetenz.

In diesem Kontext hat Pädagogik/Andragogik im Sinne einer »*Ermöglichungspädagogik*« die Aufgabe, Gelegenheiten zu schaffen, dass Menschen mit komplexen Beeinträchtigungen ihre individuellen Bedürfnisse erkennen und artikulieren können, die eigenen Kräfte und Fähigkeiten entdecken oder entwickeln können, den Alltag selbst zu gestalten, um größtmögliche Kontrolle über das eigene Leben zu gewinnen, einen eigenen Lebensstil zu realisieren und größtmögliche Teilhabe am Leben in der Gemeinschaft zu erreichen.[18]

Das ist die Philosophie von *Empowerment*. Sie ist getragen von einem grundsätzlichen Vertrauen in das persönliche Wachstum, unabhängig von Art und Umfang der Beeinträchtigungen. Notwendige Voraussetzung ist die Bereitschaft, sich auf eine dialogische Beziehung einzulassen, die Raum bietet, die Befindlichkeiten, Wahrnehmungen und Bedürfnisse des Menschen mit schweren Beeinträchtigungen zu entschlüsseln, zu akzeptieren und darauf zu reagieren. So können Machtstrukturen, die der Interaktion in asymmetrischen Beziehungen immanent sind, aufgebrochen und Fähigkeiten zur Selbstbestimmung und Mitwirkung im Alltag entwickelt werden.[19]

Die Qualität der *Gestaltung der Beziehung in Abhängigkeitsverhältnissen* steht in Zusammenhang mit den jeweils gegebenen Rahmenbedingungen, den Qualifikationen und Persönlichkeitseigenschaften der Mitarbeitenden sowie deren Einstellungen und Haltungen gegenüber Menschen mit komplexen Beeinträchtigungen. Die »Bilder in den Köpfen« beeinflussen das professionelle Selbstverständnis und die Gestaltung der Interaktion. Sie sind Basis für die Wertschätzung, die die Person erfährt, Filter für die Wahrnehmung ihres Bedürfnisses nach Selbstbestimmung und Medium zur Förderung der Partizipationschancen. Die Reflexion der Haltung, die das professionelle Handeln bestimmt, sollte integraler Bestandteil von Qualitätsentwicklung sein.

> Es ist davon auszugehen, dass jeder Mensch unter Nutzung seiner persönlichen und sozialen Ressourcen *Selbstbestimmungspotenziale* entwickeln kann – auf jeweils unterschiedlichen Ebenen und in jeweils unterschiedlicher Weise. Notwendig ist die Bereitschaft der Umwelt, die Sensibilität für die individuellen Bedürfnisse zu schärfen, auf elementarer Ebene Möglichkeiten zur Entwicklung von Kompetenzen zu selbstbestimmtem Handeln zu eröffnen und Wege zur wirksamen Beteiligung an Prozessen zu erschließen, die Auswirkungen auf die eigene Lebensqualität haben.

Damit dies immer besser gelingt, sind Einrichtungen und Dienste aufgefordert, die *Förderung der kommunikativen Kompetenzen* und die *Partizipation von Menschen* mit schweren Beeinträchtigungen konzeptionell und strukturell zu verankern. Die Mitarbeitenden sind entsprechend zu qualifizieren und Rahmenbedingungen vorzuhalten, die Raum zur Umsetzung dieses Anspruchs geben.

---

18 ausführlich s. Kap. 3 (Teilhabe und Assistenz) dieser Standards
19 vgl. Seifert 2009

Die *Erkundung der individuellen Wünsche und Interessen* ist eine große Herausforderung, insbesondere bei stark eingeschränkter Kommunikationskompetenz.[20] Über die persönlichen Belange hinausgehend, die Bestandteil der individuellen Teilhabeplanung sind, werden im Kontext von Qualitätsentwicklung in Einrichtungen und Diensten zunehmend *Nutzerbefragungen* zur Evaluation der Angebote durchgeführt. Sie stärken die Befragten in ihrer Rolle als kritische Verbraucher*innen. Bei Menschen mit komplexen Beeinträchtigungen, die nicht oder nur bedingt für sich selbst sprechen können, stößt der Einsatz von Fragebögen schnell an Grenzen – auch bei Nutzung unterstützender Medien wie Symbole, Bilder oder Fotos. Visualisierungen setzen die Kompetenz voraus, bildhafte Darstellungen zu erkennen, auf den eigenen Alltag zu beziehen und als Kommunikationsmittel nutzen zu können (Symbolverständnis). Eine Möglichkeit zur Annäherung an die Perspektive von Nutzer*innen mit stark eingeschränkter oder (scheinbar) fehlender Kommunikationskompetenz sind stellvertretende Befragungen durch institutionsunabhängige Fürsprecher*innen oder Peers, die die Person aus eigenen Begegnungen gut kennen, einschließlich prägender lebensgeschichtlicher Erfahrungen. Doch auch bei bestem gegenseitigen Vertraut-Sein können Aussagen über das subjektive Erleben eines anderen Menschen nie mehr sein als Vermutungen, da jedes Individuum eine eigene Weltsicht hat. Von daher sollten stellvertretende Befragungen nur in Kombination mit anderen Verfahren verwendet werden, bei denen die betroffenen Personen unmittelbar beteiligt sind, z.B. teilnehmende Beobachtungen, wie sie in der Kölner Lebensqualität-Studie zur Anwendung kamen.[21]

Literatur

Frehe, H. (1999): Persönliche Assistenz – eine neue Qualität ambulanter Hilfen. In: W. Jantzen, W. Lanwer-Koppelin & K. Schulz (Hrsg.): Qualitätssicherung und Deinstitutionalisierung. Niemand darf wegen seiner Behinderung benachteiligt werden. Berlin: Edition Marhold, S. 271–284.

Seifert, M. (2006): Lebensqualität von erwachsenen Menschen mit schweren Behinderungen. Forschungsmethodischer Zugang und Forschungsergebnisse. In: Zeitschrift für Inklusion 1 (2). Online verfügbar unter: www.inklusion-online.net, Zugriff am 28.06.2020.

Seifert, M. (2009): Selbstbestimmung und Fürsorge im Hinblick auf Menschen mit besonderen Bedarfen. In: Teilhabe, 48 (3), S. 122–128.

---

20 ausführlich s. Kap. 5 (Individuelle Teilhabeplanung und Teilhabemanagement) dieser Standards
21 vgl. Seifert 2006

2.3 Personenzentrierung

Personenzentrierung ist kein eigenständiger Leitbegriff. Er fokussiert die Umsetzung der Leitideen Selbstbestimmung und Teilhabe auf der Leistungsebene i. S. eines »Transmissionskonzepts«:

> »Personenzentrierung dient dazu, eine Verbindung zu schaffen zwischen einer abstrakten, paradigmatischen Ebene (…) und einer konkreteren, gesetzespolitischen Ebene, auf der letztlich ausgehandelt wird, welche Veränderungsbedarfe und Umsteuerungsmaßnahmen als notwendig erscheinen. Die Veränderungsbedarfe werden insbesondre von der Oppositionsfigur Institutionszentrierung abgeleitet: Die Reform soll den einrichtungsbezogenen Charakter der Eingliederungshilfe überwinden, und diese Stoßrichtung wird als Schlüssel zur Individualisierung der Hilfen gedeutet.«[22]

Mit dem *Wandel von der institutionellen zur personalen Perspektive* werden Leistungen der Eingliederungshilfe ausschließlich personenzentriert erbracht. Die erforderliche Unterstützung ist am individuellen Bedarf auszurichten, unabhängig von der jeweiligen Wohnform. Die Individualität von Menschen mit Behinderungen soll bei der Bedarfsermittlung, der Leistungsplanung und der Leistungsgestaltung stärker als bisher Berücksichtigung finden. Das heißt konkret: Die Unterstützungsarrangements sollen den persönlichen Vorstellungen von einem »guten Leben« möglichst nahe kommen. Sie sollen mit dem Betroffenen gemeinsam – partizipativ – entwickelt werden. Es geht also nicht länger darum, in welches Angebot eine Person »passt«, sondern darum, wie eigene Lebensentwürfe umgesetzt werden können. In der Begründung zur Aufnahme des Begriffs Assistenz im BTHG wird das veränderte Verständnis von professioneller Hilfe gegenüber förderzentrierten Ansätzen der Betreuung ausdrücklich hervorgehoben.[23] Personenzentrierung ist damit nicht nur ein Handlungskonzept, sondern auch ein Haltungskonzept.

Bei Menschen mit komplexem Unterstützungsbedarf, die ihre Wünsche und Interessen nur bedingt selbst artikulieren können, bedeutet Personenzentrierung, einen *Perspektivenwechsel* einzunehmen, sich von eigenen Vorstellungen zu verabschieden und sich auf die Ebene der Betroffenen einzulassen, um herauszufinden, was im Einzelfall für einen gelingenden Alltag bedeutsam ist. Das *Konzept Lebensqualität* gibt Impulse, den Blick für Bedingungsfaktoren und Handlungsansätze zu schärfen, die zum subjektiven Wohlbefinden beitragen.[24]

Notwendige Voraussetzung ist eine *Haltung*, die Menschen mit komplexem Unterstützungsbedarf nicht primär in ihren Defiziten wahrnimmt, sondern als Menschen wie du und ich. Wichtige Fragen sind:[25]

---

22 Schäfers 2017, 39
23 vgl. Gesetzesbegründung zur BTHG-Kabinettsvorlage vom 26.06.2016, 269
24 ausführlich s. Kap. 8 (Zielperspektive Lebensqualität) dieser Standards

- Schauen wir zuerst auf das Abweichende von der Norm – oder auf das Gemeinsame von Menschen mit und ohne Behinderung?
- Beachten wir bei unserem Gegenüber primär die Beeinträchtigungen – oder die Entwicklungspotenziale?
- Sind wir auf die persönlichen Eigenheiten der Menschen mit schweren Behinderungen fixiert oder nehmen wir sie im Kontext ihrer Lebenswelt wahr?
- Sehen wir ihre gegenwärtigen Lebensbedingungen als gegeben oder entwickeln wir einen kritischen Blick für notwendige Veränderungen?
- Betrachten wir Menschen mit kognitiven Beeinträchtigungen und komplexem Unterstützungsbedarf als einen Personenkreis, der wegen seiner »Besonderheiten« der Betreuung in »besonderen Räumen« bedarf – oder als Bürger*innen der Gesellschaft mit dem Recht auf Teilhabe und die dazu notwendige Unterstützung?

Das BTHG stärkt die *Position der Leistungsberechtigten*. Die Umsetzung der persönlichen Vorstellungen soll durch die Abschaffung der Leistungskategorien »ambulant«, »teilstationär« und »stationär« erleichtert werden. Individuell gestaltetes Wohnen kann nun auch für viele Menschen, die bislang auf stationäre Angebote angewiesen waren, Wirklichkeit werden.

Für Menschen mit komplexem Unterstützungsbedarf sind infolge des weiterhin bestehenden *Mehrkostenvorbehalts* (§ 104 Abs. 2 SGB IX) individuelle Unterstützungsarrangements außerhalb von Heimstrukturen jedoch nach wie vor die Ausnahme. Damit ist das Sortieren von Menschen nach dem Grad ihrer Selbstständigkeit weiterhin Realität – ein Widerspruch zu den menschenrechtlichen Vorgaben der UN-BRK (Art. 19) für eine personbezogene Unterstützung an selbstgewählten Wohnorten und Wohnformen.

Auch eine *gemeinsame Leistungserbringung* gegen den Willen der Menschen mit Behinderung widerspricht der Personenzentrierung. Sie fördert institutionalisierte Wohnformen und ist gerade bei komplexem Unterstützungsbedarf angesichts sehr individueller Lebens- und Problemlagen weder angemessen noch zumutbar.[26]

Literatur

Schäfers, M. (2017): Personenzentrierung als sozialpolitische Programmformel. Zum Diskurs der Eingliederungshilfereform. In: G. Wansing & M. Windisch (Hrsg.), Selbstbestimmte Lebensführung und Teilhabe. Behinderung und Unterstützung im Gemeinwesen. Stuttgart: Kohlhammer, S. 33–48.

Seifert, M. (2009): Selbstbestimmung und Fürsorge im Hinblick auf Menschen mit besonderen Bedarfen. In: Teilhabe, 48 (3), S. 122–128.

---

25 vgl. Seifert 2009
26 s. dazu auch Kap. 3 (Teilhabe und Assistenz) dieser Standards

2.4 Sozialraumorientierung

Der *Begriff Sozialraum* hat eine mehrdimensionale Bedeutung. Als *subjektive Kategorie* bezieht er sich primär auf die individuellen Beziehungsnetzwerke, unabhängig vom jeweiligen Ort. Als *geografischer Raum* fokussiert er das nähere und weitere Wohnumfeld, den Stadtteil, das Dorf oder die Gemeinde. Als *Verwaltungskategorie* ist er für kommunale Planungen relevant.

Für die Zielsetzungen der UN-BRK sind die genannten Dimensionen gleichermaßen von Bedeutung. Die UN-BRK will einen »Beitrag zur Beseitigung der tiefgreifenden sozialen Benachteiligung von Menschen mit Behinderungen leisten und ihre *Teilhabe am bürgerlichen, politischen, wirtschaftlichen, sozialen und kulturellen Leben* auf der Grundlage der Chancengleichheit fördern« (Präambel lit. y). Damit werden Wege eröffnet, die die »Gleichzeitigkeit von Drinnen und Draußen« überwinden könnten, die das Alltagserleben von Menschen mit Behinderungen prägt, in allen Lebensphasen und Lebensbereichen.[27] Gleichzeitigkeit von Drinnen und Draußen bedeutet, »Teil einer Gesellschaft zu sein und dennoch die Erfahrung machen zu müssen, nicht dazuzugehören«[28] – ein Sachverhalt, der nicht allein den gesellschaftlichen Verhältnissen geschuldet ist, sondern auch als ein Produkt des Systems Behindertenhilfe interpretiert werden kann, das – in guter Absicht – in allen Bereichen für Menschen mit Behinderungen spezielle Angebote entwickelt hat. Dieser Tatbestand kann nur durch die *Entwicklung einer inklusiven (Bürger-)Gesellschaft* aufgelöst werden, in der die Verantwortung für soziale Ausgrenzungsprozesse und ihre Bewältigung zurückgegeben wird an die gesellschaftlichen Institutionen und Akteure.[29]

In diesem Kontext spielt das *Fachkonzept Sozialraumorientierung* eine zentrale Rolle. Es hat seine Wurzeln in der Gemeinwesenarbeit der 1970/1980er Jahre, ist in der Jugendhilfe, in der sozialen Stadtentwicklung und in Quartierskonzepten der Altenhilfe fest etabliert und wird zunehmend auch in der Behindertenhilfe rezipiert. Sozialraumorientierte Arbeit will dazu beitragen, Lebensbedingungen so zu gestalten, »dass Menschen dort entsprechend ihren Bedürfnissen zufrieden (er)leben können«.[30] Ausgehend vom Willen des Einzelnen, der Stärkung seiner Eigeninitiative und dem Einbezug seiner persönlichen und sozialen Ressourcen werden durch zielgruppen- und bereichsübergreifende Kooperation und Vernetzung mit lokalen Akteur*innen Ressourcen im Stadtviertel oder der Gemeinde erschlossen, die die Teilhabechancen stärken. Auf der Basis der genannten Prinzipien haben Früchtel & Budde die Handlungsfelder sozialraumorientierter Arbeit in einem mehrdimensionalen Modell beschrieben (SONI-Modell).[31] Es konkretisiert sozialraumbezogene Handlungsfelder in der alltäglichen Lebenswelt (Bezug:

---

27 vgl. Wansing 2005b
28 Callies 2004, 19
29 vgl. Wansing 2005a
30 Hinte 2009, 21
31 vgl. Früchtel & Budde (2010)

Individuum und Gemeinwesen) und auf Systemebene (Bezug: Organisation und Kommunalpolitik).³²

Die Inklusionsdebatte zwingt Träger von Einrichtungen und Diensten der Behindertenhilfe, sich mit sozialräumlichen Handlungsansätzen auseinanderzusetzen. Es sind Konzepte gefragt, die *Inklusion als Kultur des Zusammenlebens* im Stadtteil, im Dorf oder in der Gemeinde begreifen und die professionelle Unterstützung entsprechend profilieren. Es gilt, die bisherigen Handlungsfelder zu erweitern und sich Kompetenzen anzueignen, die Inklusionsprozesse fördern und Menschen mit Behinderungen bei der Wahrnehmung ihrer Bürgerrolle unterstützen. Das heißt konkret: Die auf das Individuum bezogene Ausrichtung der Hilfen ist durch eine sozialräumliche Perspektive zu ergänzen, die die Lebenswelt des Individuums und die Gestaltung des Gemeinwesens in den Blick nimmt:

> »Die Feststellung und Reklamierung von individuellen Hilfen zur Integration und Partizipation (…), ihre Legitimationen und legislativen Absicherungen laufen ins Leere, wenn nicht gleichzeitig die Gestaltung der Infrastruktur der nahen sozialen Räume, in denen Partizipation und Integration alltagspraktisch verwirklicht werden müssen, in Angriff genommen wird. Personenbezogene Hilfen bedürfen der Stützung durch entsprechende sozialräumliche Strukturen: Lebenschancen konstituieren sich nur in einem ausgewogenen Verhältnis von individuellen Optionen und sozialen Einbindungen.«³³

Quartiere sind *Möglichkeitsräume für Teilhabe*. Sie haben ein jeweils eigenes Gesicht. Bauliche Gegebenheiten, die Versorgungsstruktur und Infrastruktur, die Zusammensetzung der Bevölkerung, die ökonomische Situation, Engagementstrukturen und soziale Problemlagen kumulieren zu einem Geflecht von Bedingungsfaktoren, das Einfluss auf die Lebensgestaltung und Lebensqualität hat. Die Bedingungen vor Ort werden durch soziale und kulturelle Prozesse und durch politische Praxen entschieden und gestaltet und sind damit veränderbar.³⁴ Bildung, Beratung und Begleitung von Menschen mit Behinderungen sollten von daher »auf die Befähigung zur wirksamen Partizipation im Sinne der Einflussnahme und Gestaltung sozialräumlicher Bedingungen am selbstgewählten Wohn- und Lebensort gerichtet sein«.³⁵

Im Zeichen von Inklusion und Partizipation ist für Menschen mit komplexem Unterstützungsbedarf das *Erleben von Anerkennung und unbedingter Zugehörigkeit* von zentraler Bedeutung. Unterstützer*innen sind aufgefordert, Brücken in die Gemeinde zu bauen, damit das Zusammenleben gelingt. Brücken entstehen zum Beispiel, wenn Menschen mit komplexem Unterstützungsbedarf in sozialen Rollen wahrgenommen werden, die die Gemeinsamkeit von Menschen

---

32 ausführlich s. Kap. 6 (Teilhabe im Sozialraum) dieser Standards
33 Thimm & Wachtel 2002, 25
34 vgl. Wansing 2017
35 Wansing 2017, 30

mit und ohne Behinderung dokumentieren (z. B. als Kund*in oder Nachbar*in), und weniger in Rollen, die die Unterschiede bewusst machen (z. B. als Heimbewohner*innen, meist in Gruppen auftretend). Beispielhaft sei die Nutzung allgemeiner sozialer, kultureller und sportlicher Angebote und allgemein zugänglicher Lokalitäten sowie Kontakte zu Kirchengemeinden, Vereinen oder Nachbarschaftstreffs genannt. Auf diese Weise kann das soziale Umfeld für eine veränderte Wahrnehmung von Menschen mit Behinderung sensibilisiert und die Bereitschaft zu persönlichen Kontakten und Interaktionen mit dem Personenkreis geweckt werden. Zur Realität gehört aber auch, dass Menschen mit herausfordernden Verhaltensweisen von der Umwelt als Belastung oder störend erlebt werden und dass es im Zusammenleben im Quartier Konflikte gibt, deren Bewältigung große Anforderungen an die professionellen Unterstützer*innen stellt.

Neben neuen Ansätzen auf der Handlungsebene sind Unterstützungsstrukturen zu entwickeln, die die Teilhabe von Menschen mit schweren Beeinträchtigungen fördern: *Inklusion als Gestaltungsprinzip*, in allen Lebensbereichen und Lebensphasen. Viele Träger von Einrichtungen und Diensten der Behindertenhilfe haben sich bereits »auf den Weg in die Gemeinde« begeben – durch Aktualisierung ihrer Konzeptionen, durch Veränderungen ihrer Strukturen, durch inklusive Praxisprojekte, durch Öffentlichkeitsarbeit. Teilweise werden in bewusster Abgrenzung zu tradierten Angeboten Teilhabe fördernde Wohnkonzepte realisiert, die auch Menschen mit hohem Unterstützungsbedarf einbeziehen. Allen gemeinsam ist das Bemühen, die Unterstützungsleistungen personenzentriert zu gestalten und zugleich den Sozialraum in den Blick zu nehmen. Unter den gegebenen leistungsrechtlichen Regelungen und administrativen Vorgaben stößt die Realisierung neuer Konzepte jedoch oft auf Hindernisse.

Im BTHG werden personenzentrierte Leistungen ausdrücklich mit dem Sozialraum verknüpft: Die Leistungsberechtigten sind zu einer möglichst selbstbestimmten und eigenverantwortlichen Lebensführung im eigenen Wohnraum sowie in ihrem Sozialraum zu befähigen oder dabei zu unterstützen (§ 76 SGB IX).[36] Für fallunspezifische sozialraumbezogene Arbeit, die den Prozess der Inklusion im Sinne einer »enabling community« maßgeblich unterstützen kann, gibt es im System der Behindertenhilfe bislang keine leistungsrechtliche Grundlage.

Literatur

Callies, O. (2004): Konturen sozialer Exklusion. In: Mittelweg 36, 13 (4), 16–35.
Früchtel, F. & Budde, W. (2010): Bürgerinnen und Bürger statt Menschen mit Behinderungen. Sozialraumorientierung als lokale Strategie der Eingliederungshilfe. In: Teilhabe, 49 (2), 54–61.
Hinte, W. (2009): Eigensinn und Lebensraum – zum Stand der Diskussion um das Fachkonzept »Sozialraumorientierung«. In: Vierteljahresschrift für Heilpädagogik und ihre Nachbargebiete (VHN), 78 (1), 20–33.

---

36 ausführlich s. Kap. 6 (Teilhabe im Sozialraum) dieser Standards

Schäfers, M. (2017): Personenzentrierung als sozialpolitische Programmformel. Zum Diskurs der Eingliederungshilfereform. In: G. Wansing & M. Windisch (Hrsg.): Selbstbestimmte Lebensführung und Teilhabe. Behinderung und Unterstützung im Gemeinwesen. Stuttgart: Kohlhammer, S. 33–48.

Seifert, M. (2010): Kundenstudie. Bedarf an Dienstleistungen zur Unterstützung des Wohnens von Menschen mit Behinderung. Berlin: Rhombos-Verlag.

Seifert, M. (2017): Leben im Quartier für Alle! Utopie oder realistische Perspektive? In: Deutsche Heilpädagogische Gesellschaft (DHG) (Hrsg.), Quartiersentwicklung. Chance für behinderte Menschen mit komplexem Unterstützungsbedarf? Dokumentation der Fachtagung am 16.–17. März 2017 in Hamburg. Hamburg, Jülich: Eigenverlag DHG (DHG-Schrift 20), S. 9–20. Online verfügbar unter: http://dhg-kontakt.de/wp-content/uploads/2017/10/Schrift-20-PDFa.pdf, Zugriff am 28.06.2020.

Thimm, W. & Wachtel, G. (Hrsg.) (2002): Familien mit behinderten Kindern. Wege der Unterstützung und Impulse zur Weiterentwicklung regionaler Hilfesysteme. Weinheim: Juventa.

Wansing, G. (2005a): Teilhabe an der Gesellschaft. Menschen mit Behinderung zwischen Inklusion und Exklusion. Wiesbaden: VS Verlag für Sozialwissenschaften.

Wansing, G. (2017): Selbstbestimmte Lebensführung und Einbeziehung in das Gemeinwesen. Normative Grundsätze und konzeptionelle Perspektiven. In: G. Wansing & M. Windisch (Hrsg.): Selbstbestimmte Lebensführung und Teilhabe. Behinderung und Unterstützung im Gemeinwesen. Stuttgart: Kohlhammer, S. 19–32.

3 Teilhabe und Assistenz

Menschen mit Behinderungen sind zur Realisierung ihrer Bedürfnisse, Alltagsanforderungen und Lebensplanungen auf materielle, praktische und psychosoziale Unterstützung angewiesen. Die erforderliche Unterstützung wird sowohl *im informellen Kontext*, d. h. durch Angehörige, im sozialen Netz oder mit bürgerschaftlichem Engagement geleistet als auch durch *professionelle Assistenzdienste*, z. B. in der eigenen Wohnung, in Einrichtungen der Behindertenhilfe, in Pflegeeinrichtungen oder in anderen speziellen Institutionen sowie im jeweiligen Sozialraum. Die Vernetzung von informeller Unterstützung und professioneller Assistenz sowie *der Umfang, die Qualität und die Verortung professioneller Assistenzdienste* bestimmen entscheidend die Möglichkeit einer gleichberechtigen Teilhabe von Menschen mit Behinderungen am gesellschaftlichen Leben.

Mit diesen Standards zur Assistenz bei Menschen mit kognitiven Beeinträchtigungen, im Besonderen mit komplexem Unterstützungsbedarf, werden ein *erweitertes, komplexes Verständnis von Assistenz* zugrunde gelegt und wesentliche Anforderungen für die Praxis und die Rahmenbedingungen professioneller Assistenz formuliert, um Lebensqualität und gleichberechtigte Teilhabe zu ermöglichen. Es handelt sich dabei in erster Linie um *fachliche Anforderungen*, fundiert durch wissenschaftliche Diskurse und Erkenntnisse. Einbezogen werden aber auch rechtliche Regelungen, insbesondere aus dem neuen Teilhaberecht mit Schnittstellen zu weiteren Leistungssystemen.

Zu berücksichtigen ist, dass komplexer Unterstützungsbedarf sich auf individuell höchst unterschiedliche Lebens- und Problemlagen bezieht, so dass gerade hier die Bedarfsermittlung, Teilhabeplanung und Assistenzpraxis jeweils nur personenzentriert zu gestalten sind. Assistenzkontexte können sich zielgruppenspezifisch je nach spezifischem Unterstützungsbedarf unterschiedlich ausgestalten, z. B. im Falle schwerer Mehrfachbehinderung oder bei herausforderndem Verhalten und/oder psychischen Erkrankungen.

Im wissenschaftlichen Diskurs, im Sozialrecht und in der Praxis finden sich unterschiedliche Begriffe wie Unterstützung, Betreuung, Hilfe, Begleitung, Pflege u. a. Die Formulierung von Standards der Unterstützung von Menschen mit kognitiven Beeinträchtigungen und komplexem Unterstützungsbedarf orientiert sich im Folgenden am *Assistenzbegriff* und am *Assistenzkonzept*. Dafür spricht:

- Das Assistenzprinzip grenzt sich ab von Fürsorgetradition, Bevormundung und Fremdbestimmung, aber auch von Förderzentrierung im Alltag und institutionsgebundener Betreuung, und folgt am konsequentesten den Leitprinzipien von *Personenzentrierung, Selbstbestimmung und des Selbstbestimmt-Wohnens*.

- Das Assistenzprinzip schafft eine *klare Rollenteilung* zwischen Assistenznehmer*in (Nutzer*in, Klient*in, Kund*in usw.) und Assistent*in (Mitarbeitende, Fachkraft usw.). Ein erweitertes Assistenzkonzept muss dabei definieren, welche Anforderungen durch die hier eingeschränkte Regiekompetenz zu gelten haben.
- Assistenz wird im neuen Teilhaberecht zu einer *zentralen Leistungskategorie sozialer Teilhabe*. »Assistenzleistungen« zur »möglichst selbstbestimmten und eigenverantwortlichen Lebensführung im eigenen Wohnraum sowie in ihrem Sozialraum« werden ausdrücklich verankert und damit rechtlich normiert (§§ 78 SGB IX und 113 SGB IX).

Gleichwohl bleibt Assistenz im praktischen Alltag und im sozialrechtlichen Leistungssystem bislang oft sehr unscharf, wird nicht selten fehlinterpretiert oder missverstanden, und erfährt insbesondere von Trägern der Eingliederungshilfe häufig eine interessensgeleitete Anwendung, z. B. in der Schnittstelle zur Pflege oder hinsichtlich der Unterscheidung von unterstützender und qualifizierter Assistenz. Eine Klärung aus fachlicher Sicht mit entsprechenden Standards ist dringend geboten.

3.1 Fachliche Herausforderungen

Das Assistenzkonzept geht in Deutschland auf die »Selbstbestimmt-Leben-Bewegung« der 1970er Jahre zurück, formuliert vor allem von Menschen mit Körper- und Sinnesbehinderungen. Im Mittelpunkt stand und steht dabei eine umfassende selbstbestimmte Regie über die jeweilige Unterstützung, heute am weitesten in der sog. Persönlichen Assistenz, dem Arbeitgebermodell und im Persönlichen Budget realisiert. Assistenz soll dem Menschen mit einer Behinderung »nach dessen Anweisungen zur Hand gehen«. Die *Regiekompetenz* wird dabei umfassend verstanden, d. h. hinsichtlich der Auswahl von Assistenzkräften, der Einsatzzeiten und des Einsatzortes, der selbstbestimmten Wahl der Wohnform und der Hoheit über ein Assistenzbudget.

Im *Kontext kognitiver Beeinträchtigung* wurde das Assistenzkonzept nur sehr zögerlich aufgegriffen, teils durch tradierte fürsorgliche und institutionszentrierte Unterstützungskonzepte bedingt, teils wegen der hohen Anforderungen an die Regiekompetenz von Menschen mit kognitiven Beeinträchtigungen. Zudem standen und stehen Vertreter*innen der »Selbstbestimmt-Leben-Bewegung« der Übernahme des Assistenzprinzips durch die professionelle Behindertenhilfe sehr kritisch gegenüber.[37]

Insbesondere zur *Assistenz bei komplexem Unterstützungsbedarf* wird ein kritischer Diskurs geführt. Je komplexer die Beeinträchtigungen sind, desto stärker

---

37 vgl. Steiner 1999; DHG 2002; Niehoff 2016; Hähner et al. 2016

ist die soziale Abhängigkeit von anderen Menschen. Dies betrifft sowohl die Lebensführung und Selbstversorgung einschließlich der Mobilität als auch die materiellen, psychosozialen und emotionalen Bedürfnisse. Auch die Unterstützung selbst, insbesondere im Rahmen sozialer Dienste und Institutionen, impliziert tendenziell Ungleichheiten, verstärkt die soziale Abhängigkeit und schafft ein Machtgefälle zwischen Unterstützer*innen und den zu Unterstützenden. Diese im Falle komplexen Unterstützungsbedarfs noch weit stärker ausgeprägte asymmetrische Beziehung erfordert von entsprechenden Diensten mehr als ein bloßes »nach Anweisungen zur Hand gehen«. Notwendig sind eine *ausgeprägte Haltung der Achtsamkeit, eine hohe Beziehungsqualität und eine Professionalität in Planung, Handeln und Reflexion*, um Bedürfnisse und Probleme zu erkennen und zu verstehen, auch nonverbal oder in herausforderndem Verhalten. Es geht darum, Selbstbestimmung überhaupt zu ermöglichen, Entwicklungspotenziale zu unterstützen sowie Gefährdungen von Fremdbestimmung, Bevormundung und Missbrauch zu vermeiden.[38]

Entsprechend erfordert die Übertragung des Assistenzkonzepts auf die professionelle Behindertenhilfe, insbesondere bei komplexem Unterstützungsbedarf, ein *deutlich komplexeres Assistenzmodell*. Assistenz erschöpft sich hier nicht in der Ausführung von Regieanweisungen wie bei der Persönlichen Assistenz oder in einer Aneinanderreihung unterstützter Alltagsverrichtungen oder der »vollständigen oder teilweisen Übernahme von Handlungen«, wie dies auch im BTHG, in länderspezifischen Rahmenvereinbarungen und weiteren darauf bezogenen Regelungen zu finden ist.

> »Die Assistenz der Teilhabe von Menschen mit kognitiven Beeinträchtigungen und komplexem Unterstützungsbedarf ist eine anspruchsvolle und komplexe Tätigkeit. Sie *umfasst auch die Unterstützung von Aspekten der sogenannten ›Regiekompetenz‹*. Sie erfordert entsprechende fachliche und persönlichkeitsbezogene Kompetenzen und kann auch die Aufgabe der stellvertretenden Deutung und Entscheidung beinhalten.«[39]

- Ein komplexes Assistenzkonzept bedarf *assistierter Entscheidungen und Regiekompetenzen*[40], um selbstbestimmte Entscheidungen und Partizipation überhaupt zu ermöglichen.
- Ein komplexes Assistenzkonzept muss sowohl fachlich wie teilhaberechtlich »*komplexe Beziehungs- und Interaktionsgestaltungsfragen*«[41] einbeziehen.
- Komplexe Assistenz ist ein professioneller und advokatorischer Prozess im Rahmen dialogischer Beziehungen, der Möglichkeiten und Raum bietet, die *Befindlichkeiten, Wahrnehmungen und Bedürfnisse* von Menschen mit kognitiven

---

38 vgl. Seifert 2009
39 Kopyczinski (2016, 4) hat ein solch erweitertes Verständnis in 13 Thesen vorgestellt; vgl. auch Kopyczinski (2020)
40 vgl. Graumann (2019): »Assistierte Freiheit« und »Assistierende Entscheidungen«
41 vgl. Conty et al. 2017, 544f. zu Regelungen von Assistenz im BTHG

Beeinträchtigungen zu entschlüsseln und sie zu unterstützen, ihren Alltag selbst zu gestalten, um Kontrolle über das eigene Leben zu erreichen.
- Komplexe Assistenz muss *Selbstbestimmungs- und Teilhabepotenziale* entdecken und entsprechende Unterstützungsprozesse planen, gestalten und gemeinsam fortentwickeln.
- Assistenzkräfte sind dabei als *Dolmetscher und Brückenbauer* gefragt, z. B. bei eingeschränkten Kommunikationsmöglichkeiten oder herausforderndem Verhalten. Sie schaffen die Bedingungen für eine Inklusion in den Sozialraum und die Vermeidung von Exklusion.

Das Assistenzprinzip ist in der Realität der deutschen Behindertenhilfe damit konfrontiert, dass Assistenzdienste für Menschen mit kognitiven Beeinträchtigungen, insbesondere bei komplexem Unterstützungsbedarf, immer noch weitgehend an *institutionelle Strukturen von Komplex-, Wohn- und Pflegeeinrichtungen* gebunden sind, oftmals mit fürsorglichen Betreuungskonzepten. Zwar stellt das neue Teilhaberecht richtigerweise die Personenzentrierung in den Vordergrund, verankert Assistenzleistungen mit eigener Leistungsnorm, hebt die Kopplung von notwendiger Assistenz mit Institutionen auf und präferiert selbst gewählte Wohnformen. Diese Prinzipien werden jedoch in der Umsetzung unterlaufen, wenn dafür fachliche Standards fehlen und durch Mehrkostenvorbehalte oder einschlägige Vereinbarungen in den Landesrahmenverträgen die ehemaligen stationären Einrichtungen nun als »besondere Wohnformen« fortgeschrieben werden.

Welche fachlichen Standards für Assistenzleistungen im Rahmen des BTHG wichtig sind, um dennoch Selbstbestimmung, Personenzentrierung und Teilhabe zu ermöglichen, sollen die DHG-Standards ausführen.

3.2 Rechtliche Aspekte

Assistenz als Unterstützungsleistung für Menschen mit Behinderungen findet sich in der Praxis der Behindertenhilfe und im sozialen Leistungssystem in *unterschiedlichen Bereichen*, so z. B. als Schulassistenz, Arbeitsassistenz, Assistenz im Haushalt, Pflegeassistenz, Freizeitassistenz, Kommunikationsassistenz, Sexualassistenz. Leistungsansprüche zur Assistenz für Menschen mit Behinderung ergeben sich in der Eingliederungshilfe bzw. im Teilhaberecht (SGB IX), außerdem in der Pflegeversicherung (SGB XI), in der Hilfe zur Pflege (SGB XII) und in der Krankenversicherung (SGB V). Im Rahmen des neuen Pflegebedürftigkeitsbegriffs und der Erweiterung von Pflegeleistungen mit den Pflegestärkungsgesetzen bleibt die Schnittstelle zwischen Eingliederungshilfe und Pflegeversicherung – bedingt durch finanzielle Abgrenzungsinteressen beider Leistungssysteme – kritisch.[42] Für Menschen mit kognitiven Beeinträchtigungen, insbesondere bei komplexem Unterstützungsbedarf, sind in dem in Deutschland implementierten

System sozialer Sicherung die *teilhaberechtlichen Ansprüche von Assistenz* als vorrangig und zentral anzusehen. Diese können Menschen mit kognitiven Beeinträchtigungen, unabhängig von ihrem Unterstützungsbedarf, weder verweigert noch eingeschränkt werden.

Der *teilhaberechtliche Normcharakter von Assistenz* als Leistung leitet sich zunächst aus der UN-Behindertenrechtskonvention ab, in der für alle Menschen mit Behinderung Zugang zu gemeindenahen Unterstützungsdiensten »einschließlich der persönlichen Assistenz« eingefordert wird. Die Assistenz unterstützt die Einbindung in die Gemeinschaft und trägt so zur Verhinderung von Absonderung und Isolation bei. Menschen mit Behinderungen können nicht gezwungen werden, in besonderen Wohnformen zu leben (Art. 19 UN-BRK).

Mit dem BTHG werden zur Rechtssicherheit und Rechtsklarheit »Assistenzleistungen« als *neuer Leistungstatbestand*[43] eingeführt:

- Im Prinzip wird im Rahmen des Wunsch- und Wahlrechts der *Assistenz zum Wohnen außerhalb besonderer Wohnformen* Vorrang eingeräumt, jedoch mit dem Mehrkostenvorbehalt wieder eingeschränkt (§ 104 Abs. 3 SGB IX).
- *Assistenzleistungen als Leistungskategorie sozialer Teilhabe* sollen »zur selbstbestimmten und eigenständigen Bewältigung des Alltages« führen, um sie zu einer »möglichst selbstbestimmten und eigenverantwortlichen Lebensführung im eigenen Wohnraum sowie in ihrem Sozialraum zu befähigen oder sie hierbei zu unterstützen« (§§ 76 SGB IX und 113 SGB IX).
- Assistenzleistungen können eine *große Spannbreite mit unterschiedlicher Intensität* aufweisen.[44]
- »Der Begriff der Assistenz bringt in Abgrenzung zu förderzentrierten Ansätzen der Betreuung (…) auch ein *verändertes Verständnis von professioneller Hilfe* zum Ausdruck. Die Leistungsberechtigten sollen dabei unterstützt werden, ihren Alltag selbstbestimmt zu gestalten. Vor diesem Hintergrund wird konsequenterweise auch die Beziehungsgestaltung zwischen Leistungsberechtigten und Leistungserbringern neu bestimmt.«[45]
- Im Einzelnen sollen Assistenzleistungen der *Alltagsbewältigung und Tagesstrukturierung* dienen, insbesondere für die »allgemeinen Erledigungen des Alltags« wie die Haushaltsführung, die Gestaltung sozialer Beziehungen, die persönliche Lebensplanung, die Teilhabe am gemeinschaftlichen und kulturellen Leben, die Freizeitgestaltung einschließlich sportlicher Aktivitäten sowie die Sicherstellung der Wirksamkeit der ärztlichen und ärztlich verordneten Leistungen und die Verständigung mit der Umwelt in diesen Bereichen (§§ 113 SGB IX und § 78 SGB IX).[46]

---

42 ausführlicher s. Kap. 4 (Teilhabe und Pflege) dieser Standards
43 wobei es jedoch faktisch beim Status-Quo bisheriger Leistungen bleibt, weil alle bisherigen Leistungstatbestände unverändert in den Assistenzleistungen »aufgefangen werden« (Conty et al. 2017, 544f.)
44 BMAS 2018, Punkt 41
45 Begründung aus: BMAS, BTHG-Referentenentwurf 2016, 262
46 im Gesetz an dieser Stelle nicht angeführt sind die Selbstversorgung (Körperpflege) und die Mobilität (ICF-Teilhabebereiche 4/5)

- Auf der Grundlage des Teilhabeplans sollen die Leistungsberechtigten über »die *konkrete Gestaltung der Leistungen* hinsichtlich Ablauf, Ort und Zeitpunkt der Inanspruchnahme« (§ 78 Abs. 2 SGB IX) entscheiden.
- Bei Assistenz kann es sich entweder um die »*vollständige und teilweise Übernahme* von Handlungen zur Alltagsbewältigung sowie die Begleitung« oder um »die Befähigung der Leistungsberechtigten zu einer eigenständigen Alltagsbewältigung« mit »Anleitung und Übung« handeln. Lediglich unter dem Ziel der »Befähigung« wird ein Anspruch auf eine »qualifizierte Assistenz« formuliert (§ 78 Abs. 2 SGB IX). Dieses *Befähigungsprinzip* widerspricht der Abkehr vom Förderprinzip und dürfte so zur »Befähigungsfalle«[47] werden, wenn Teilhabe an Selbstständigkeitsgrade und erreichte Förderziele geknüpft wird, Teilhabeleistungen verweigert und auf Pflegeleistungen oder sogar Pflegeeinrichtungen verwiesen wird.
- Als *weitere Assistenzleistungen* werden benannt: Die Elternassistenz, d.h. Leistungen an Mütter und Väter mit Behinderungen bei der Versorgung und Betreuung ihrer Kinder; notwendige Fahrkosten für Assistenz; Aufwendungen für ehrenamtlich in der Assistenz tätige Menschen mit Behinderung und Leistungen zur Erreichbarkeit einer Ansprechperson (§§ 113 SGB IX und § 78 SGB IX).

Von zentraler Bedeutung bei komplexem Unterstützungsbedarf ist, dass es sich bei Leistungen zur sozialen Teilhabe einschließlich der Assistenzleistungen um einen *offenen Leistungskatalog* handelt und sich Teilhabeleistungen grundsätzlich nach der »Besonderheit des Einzelfalles« (§ 104 SGB IX) zu richten haben. Diese Ansprüche müssen bei der weiteren Umsetzung und Ausgestaltung des Rechts auf volle, wirksame und gleichberechtigte Teilhabe mit entsprechenden Assistenzleistungen auch bei komplexem Unterstützungsbedarf eine wichtige Rolle spielen.

Heilpädagogische Leistungen sind teilhaberechtlich einzuordnen

- als unterstützende Leistungen zur Teilhabe an Bildung, u.a. zu Schulbildung und schulischen Berufsausbildung (§§ 75 SGB IX und 112 SGB IX),
- als altersunabhängige heilpädagogische Leistungen im Rahmen sozialer Teilhabe (§ 76 Abs. 2 SGB IX; § 78 SGB IX; § 113 Abs. 2 SGB IX),
- als heilpädagogische Leistungen für »schwerstbehinderte und schwerstmehrfachbehinderte Kinder, die noch nicht eingeschult sind« (§ 79 SGB IX).

Es ist davon auszugehen, dass heilpädagogische Leistungen für erwachsene Menschen vor allem als qualifizierte Assistenzleistungen, insbesondere als »Befähigungsleistungen« (§ 78 Abs. 2 Satz 2 SGB IX) zu definieren sind.[48]

Im Prinzip sind mit den genannten Ansprüchen auf soziale Teilhabe und Assistenzleistungen zur selbstbestimmten Lebensführung im eigenen Wohnraum und

---

47 Schädler & Reichmann 2018, 115
48 vgl. zu Heilpädagogische Leistungen im BTHG: BHP, FBT.HP, STK (2019) Positionspapier und Arbeitshilfe zum BTHG

im Sozialraum die wesentlichen Leistungsnormen und damit rechtlichen Voraussetzungen für eine volle, wirksame und gleichberechtigte Teilhabe unabhängig vom Unterstützungsbedarf geschaffen. Für deren Umsetzung, insbesondere in den landesspezifischen Ausführungsgesetzen sowie den Landesrahmenvereinbarungen, ist jedoch eine Reihe von Einschränkungen und Vorbehalten eingebaut. Aus der Perspektive des hier genannten Personenkreises ist in der Evaluation des Umsetzungsprozesses hinsichtlich der Assistenzleistungen insbesondere zu überprüfen:

- die Ausgrenzungsfunktion des Befähigungsprinzips in der sozialen Teilhabe,
- die Unschärfe und mangelnde Praktikabilität der Differenzierung von qualifizierter und unterstützender Assistenz,
- die vor allem bei komplexem Unterstützungsbedarf nicht hinnehmbaren Beschränkungen von qualifizierter Assistenz,
- eine inhaltliche Präzisierung altersunabhängiger heilpädagogischer Leistungen,
- die Zumutbarkeit gemeinschaftlicher Leistungserbringung,
- nachteilige und diskriminierende Regelungen an der Schnittstelle von Teilhabe und Pflege.

Sozialpolitisch ist vor allem für die Aufhebung entscheidender Barrieren für eine volle, wirksame und gleichberechtigte Teilhabe einzutreten, unabhängig vom Unterstützungsbedarf. Zu fordern ist insbesondere,

- dass erforderliche *finanzielle Ressourcen* für eine volle, personenzentrierte soziale Teilhabe mit entsprechenden Assistenzleistungen zur Verfügung gestellt werden, d. h. die Mehrkostenvorbehalte aufgehoben werden,
- dass institutionelle Strukturen nicht länger mit Regelungen wie zu »besonderen Wohnformen« oder »Räumlichkeiten« fortgeschrieben werden,[49]
- dass *Assistenz in selbstbestimmten Wohnformen* mit entsprechenden Förderprogrammen und Projekten politisch unterstützt werden.

3.3 Fachliche Standards

Was sind wesentliche Anforderungen an eine gute Praxis und gute Rahmenbedingungen für eine professionelle Assistenz, die Lebensqualität und gleichberechtigte Teilhabe ermöglichen soll?

---

49 Besondere Wohnformen in § 104 SGB IX oder in Landesrahmenverträgen; zu Räumlichkeiten i. S. § 71 Abs. 4 Nr. 3 SGB XI vgl. die betreffenden GKV-Richtlinien, ausführlicher in Kap. 4 (Teilhabe und Pflege) dieser Standards

Individualisierung als Grundprinzip der Assistenz

Dem Assistenzprinzip entspricht eine durchgängige Individualisierung von Unterstützungsleistungen:

- Individualisierung betrifft die Bewältigung des Alltags (Einkäufe, Haushalt, Körperpflege), psychosoziale und emotionale Bedürfnisse (Freizeit, Zuwendung, Gespräche, Konflikte usw.), Lebensplanung und Zukunftswünsche (Wohnen, Beschäftigung, Lebensentwürfe usw.) sowie den jeweiligen Sozialraum.
- Gemeinsame Leistungserbringung gegen den Willen von Menschen mit Behinderung widerspricht der Personenzentrierung, fördert institutionalisierte Wohnformen und ist gerade bei komplexem Unterstützungsbedarf angesichts sehr individueller Lebens- und Problemlagen weder angemessen noch zumutbar.
- Für die individuell erforderlichen Assistenzleistungen werden die jeweiligen Wünsche und Teilhabebedarfe, die persönlichen Verhältnisse, der subjektiv bedeutsame Sozialraum, die eigenen Fähigkeiten und Mittel sowie jeweilige Wohn- und Beschäftigungsmöglichkeiten in der individuellen Teilhabeplanung ermittelt und individuell priorisiert.
- Der individuelle Teilhabeprozess mit den jeweiligen Assistenzleistungen bedarf kontinuierlicher Reflexion, Aktualisierung und Weiterentwicklung mit allen beteiligten Akteur*innen.

Assistenz zielt auf Teilhabe – Teilhabeparadigma statt Förderparadigma

Teilhabe- und Assistenzleistungen sollen alle Menschen mit Behinderung »zu einer möglichst selbstbestimmten und eigenverantwortlichen Lebensführung im eigenen Wohnraum sowie in ihrem Sozialraum (…) *befähigen oder sie hierbei (…) unterstützen*« (§§ 113 Abs. 1 SGB IX).

- Die Auswahl, Konkretisierung und Vereinbarung von Teilhabezielen und der hierfür erforderlichen Assistenzleistungen sind bei komplexem Unterstützungsbedarf ein anspruchsvoller Prozess. Welche Teilhabeziele für eine Person von Bedeutung sind, in welchen Lebensbereichen Erhalt oder Erweiterung von Teilhabe anzustreben und mit welchen Assistenzleistungen die Ziele schließlich zu erreichen sind, kann nur individuell definiert, priorisiert und vereinbart werden.
- Der Erweiterung und dem Erhalt von Teilhabe dienen sowohl befähigende als auch unterstützende Assistenzleistungen. Die Anforderung an qualifizierte Assistenz insbesondere bei komplexem Unterstützungsbedarf darf nicht an das Erreichen von Befähigungszielen gebunden werden, sondern muss person- und kontextbezogen bestimmt werden[50].

---

50 vgl. CBP (2020, 3): »§ 78 Abs. 2 Nr. 2 SGB IX formuliert ein Fachkraftgebot für befähigende Assistenzleistungen. § 78 SGB IX regelt jedoch an keiner Stelle ein Fachkraftverbot für ersetzende bzw. begleitende Assistenz!«

- Der Kernprozess der Teilhabeplanung erfordert sowohl professionelle Beratung als auch Peer-Beratung sowie die Unterstützung durch einen Kreis von Vertrauenspersonen und Unterstützer*innen.
- Priorität hat der gewünschte Lebensstil, auch wenn dieser von einer üblichen Teilhabe am Leben in der Gemeinschaft abweicht, z. B. ein erkennbar gewollter sozialer Rückzug. Es gilt aber, auch in festgefahrenen Situationen Teilhabepotenziale zu entdecken und Handlungsspielräume zu eröffnen.
- Abzuwehren sind jegliche Versuche von Leistungsträgern, Ansprüche auf Teilhabe und Teilhabeleistungen zu verweigern, indem auf zu komplexe Beeinträchtigungen, hohe Pflegebedarfe, fehlende Befähigungspotenziale, nicht erreichte Teilhabeziele[51] oder sogar auf »Teilhabeunfähigkeit« verwiesen wird.
- Für jeden Menschen mit Behinderung sind Teilhabeansprüche vorrangig und unabhängig von Art und Umfang des Unterstützungsbedarfs zu gewährleisten – neben möglichen Ansprüchen aus anderen Leistungssystemen. Der Ausschluss von Teilhabeleistungen widerspricht dem Teilhaberecht und dem Inklusionsanspruch der UN-BRK und verfestigt Exklusion.
- Insofern können Pflegeeinrichtungen generell nicht als teilhabeorientierte Wohn- und Unterstützungsformen gesehen werden, selbst wenn dort einzelne Leistungen aus der Eingliederungshilfe zugestanden werden.
- Dies gilt ebenso für eine dauerhafte Unterbringung kognitiv beeinträchtigter Menschen in psychiatrischen Einrichtungen einschließlich des Maßregelvollzugs. Hier sind Möglichkeiten für Übergänge in teilhabeorientierte Wohnformen mit entsprechenden Assistenzdiensten zu erweitern und professionell zu gestalten.

Assistenz in komplexen Unterstützungsarrangements

Charakteristisch für komplexe Beeinträchtigungen ist eine Teilhabeeinschränkung in vielen, häufig allen relevanten Lebensbereichen. Ein entsprechender Unterstützungsprozess »muss die *komplexen Bedürfnisse, die spezifischen Unterstützungsbedarfe und die Gefährdungen* von Menschen in Abhängigkeitsverhältnissen mitdenken«.[52]

- Komplexe Assistenzleistungen umfassen nicht nur eine Anzahl singulärer Assistenzleistungen, sondern »individuell passende Wohn- und Unterstützungsarrangements«[53], d. h. passende Kommunikations- und Interaktionsstrukturen mit vertrauten Bezugspersonen in einem verlässlichen Lebensraum und Unterstützungssystem.
- Geeignet für solche Arrangements sind insbesondere individuell passende kleine Wohnformen in regionalen Verbundsystemen und/oder in Wohnquartie-

---

51 vgl. Formulierungen wie »solange Teilhabeziele erreichbar« in §§ 102 SGB IX, 104 SGB IX und 116 SGB IX
52 Seifert 2009, 126
53 Seifert 2010c

ren mit professionellen Assistent*innen und informellen Unterstützer*innen, eingebettet in inklusive sozialräumliche Strukturen.

Assistenz in gewünschten Wohnformen

Assistenz ist dort zu realisieren und zu gestalten, *wo der betreffende Mensch leben und wohnen möchte*, unabhängig von Art und Umfang seines Unterstützungsbedarfs. Dieser sowohl in der UN-BRK wie auch im BTHG grundsätzlich formulierte Anspruch des Vorrangs der Unterstützung außerhalb besonderer Wohnformen bleibt rechtlich, finanziell und praktisch noch eine große Herausforderung für die Inklusionspolitik und die Behindertenhilfe in Deutschland.

- Zur weitergehenden Umsetzung inklusiver Wohnformen auch bei komplexem Unterstützungsbedarf sind Rahmenbedingungen, Finanzierungsmodelle und Unterstützungskonzepte unter Einschluss von 24-Stunden-Assistenz und Intensivbetreuung in Form von Einzelwohnen und kleinen Wohneinheiten sowie Verbundlösungen unter Beteiligung aller Leistungsträger voranzutreiben.
- Angesichts komplexer Unterstützungsbedarfe mit zahlreichen verschiedenen Assistenzleistungen sind – unter Wahrung des Wahlrechts – Wohn- und Unterstützungsarrangements aus einer Hand zu favorisieren, um Kontinuität und Vertrautheit zu sichern.
- Heutige Komplexeinrichtungen sind besonders gefordert, die Umsetzung des neuen Teilhaberechts offensiv zu nutzen, institutionelle Strukturen zugunsten personenzentrierter Strukturen aufzulösen sowie Enthospitalisierungs- und Konversionsprogramme zu intensivieren und sich an Quartiersentwicklungen zu beteiligen.

Assistenz zur Selbstbestimmung und advokatorische Assistenz

Erhebliche kognitive oder sozio-emotionale Beeinträchtigungen, fehlende verbale Artikulationsmöglichkeiten oder eingeschränkte Wahl-, Entscheidungs- und Regiekompetenzen stellen hohe Anforderungen an Assistenzkräfte, *Selbstbestimmung, Teilhabe und Partizipation* zu realisieren. Dies betrifft auch Situationen fehlender oder eingeschränkter Selbstwahrnehmung und -steuerung, bedingt durch zusätzliche psychische Erkrankungen und/oder psycho-emotionale Beeinträchtigungen.

- Das Erkennen und Deuten von Alltags- und Zukunftswünschen, die Gestaltung von Beziehungen sowie das Aufspüren von Entwicklungspotenzialen und Handlungsspielräumen bedürfen einer achtsamen Haltung, interaktiver und kommunikativer Kompetenz einschließlich advokatorischen Handelns.
- Assistenzkräfte nehmen dabei eine zwar professionelle, aber assistierende Rolle ein. Dies erfordert die Bereitschaft und Fähigkeit zur Übernahme der Assis-

tentenrolle, einschließlich der Begründung und permanenten Reflexion des eigenen Handelns.⁵⁴
- Vielfach ist der Einsatz leicht verständlicher Sprache in der Kommunikation bei komplexem Unterstützungsbedarf nicht ausreichend oder unwirksam. Deshalb gehören zur professionellen Assistenz auch die Kompetenz zur Beobachtung und Interpretation aller Äußerungsformen, einschließlich des Verhaltens, sowie der Einsatz unterstützter Kommunikation oder biografischer Methoden.
- Erst wenn kommunikative Möglichkeiten ausgeschöpft sind, sind Partizipation und Regie des Assistenzprozesses advokatorisch zu gestalten, d. h. mit »anwaltschaftlicher Verantwortung, die immer die Interessen des behinderten Menschen im Blick hat«.⁵⁵
- Die Mehrperspektivität, z. B. durch Einbeziehung von Vertrauenspersonen sowie eines Unterstützer*innenkreises, soll den Blickwinkel erweitern und Bevormundung und Fremdbestimmung verhindern helfen.

Assistenz und professionelle Beziehungsgestaltung

Hohe, teils existenzielle soziale Abhängigkeiten von Assistenzkräften erfordern eine hohe Professionalität in der Beziehungsgestaltung. Assistenzkräfte bieten nicht nur Assistenzleistungen an, sondern sind auch sozial und emotional bedeutsame *Bezugspersonen und Akteur*innen in einem sozialen System*, z. B. einer Wohngruppe oder Wohngemeinschaft.

- Professionelle Assistenz ist bei komplexem Unterstützungsbedarf in starkem Umfang psychosoziale und psychoemotionale Unterstützung. Erforderlich sind darum die Bereitschaft und zeitliche Ressourcen für Gespräche, gemeinsames Erleben, nonverbale Kommunikation, Anbahnen neuer Kontakte, Begleitung von Beziehungen, Bearbeitung von Konflikten und Unterstützung bei persönlichen Problemen und Krisen.
- Wichtige Kernkompetenzen von Assistenzkräften beziehen sich auf achtsame Beziehungsgestaltung sowie professionelle Interaktion und Kommunikation. Dies erfordert auf Seiten der Assistenzkräfte neben einer entsprechenden Haltung fundierte Kenntnisse über geeignete Methoden, z. B. in unterstützter Kommunikation und nonverbaler Interaktion.
- Assistenz ist generell auch ein systemischer Prozess und bewegt sich in verschiedenen Spannungsfeldern von Beziehung, die von Assistenzkräften kontinuierlich zu reflektieren und auszutarieren sind: Nähe und Distanz, Autonomie und Abhängigkeit, Selbstbestimmung und Grenzen.
- Im Falle erheblich herausfordernder Verhaltensweisen oder im Umgang mit Aggressionen und Konflikten schließt professionelle Assistenz kontinuierliche wie anlassbezogene psychosoziale Unterstützung, Interventionen in Konflikt- und Krisensituationen sowie Konzepte intensiver Assistenz ein. In den Inter-

---

54 Kopyczinski 2016, 19
55 Seifert 2009, 26

aktionen mit Bezugspersonen im Wohnbereich und dem sozialen Umfeld steht hier die Achtung von Selbstbestimmung in einem zu reflektierenden Spannungsfeld zur Bearbeitung von Grenzverletzungen und Übergriffen.

Qualifizierung von Assistenz

Assistenz bei komplexem Unterstützungsbedarf erfordert *persönlichkeits- und beziehungsbezogene sowie fachliche Kompetenzen* der Assistenzkräfte, die das Menschenbild, Haltungen, Beziehungsfähigkeit, fachliche Kenntnisse, Methoden und Reflexionsfähigkeiten betreffen.

- Entscheidend ist die Bereitschaft, Haltung und Kompetenz, Bedürfnisse, Emotionen, Fähigkeiten und soziale Ressourcen, aber auch Lebensprobleme und soziale Konflikte von Menschen, auch ohne Verbalisierung oder in Form herausfordernden Verhaltens, wahrzunehmen, sie ernst zu nehmen und sie zur Ausgangsbasis des Unterstützungsprozesses zu machen.
- Dabei kommt in der alltagsgestaltenden Assistenz der pädagogischen Disziplin (Heilpädagogik, Andragogik) bzw. den pädagogisch/andragogischen Fachkräften (Heilerziehungspfleger*innen, Heil- und Sozialpädagog*innen) mit ihren entwicklungs-, lebenswelt- und beziehungsorientierten Handlungsfeldern[56] und einem an Selbstbestimmung orientierten, komplexem Assistenzkonzept eine herausragende Rolle zu.
- Ausbildungsinhalte und Praxisanleitungen müssen die genannten Grundlagen, Kompetenzen und Handlungsansätze, vor allem die assistierende Rolle von Assistenzkräften in den Mittelpunkt stellen.
- Allen Assistenzkräften müssen kontinuierliche Fortbildungsangebote, Beratung und Supervision zur Verfügung stehen. Erforderlich sind – mindestens für Multiplikator*innen – zusätzliche einschlägige Weiterbildungen, z. B. für unterstützte Kommunikation, Biografiearbeit, Deeskalation.
- Hinsichtlich der sozialrechtlichen Unterscheidung von qualifizierter und unterstützender Assistenz (§§ 78 SGB IX und 113 SGB IX)[57] ist bei komplexem Unterstützungsbedarf in der Regel von qualifiziertem Assistenzbedarf durch Assistenzfachkräfte für Teilhabe oder Pflege (Heilpädagogik, Heilerziehungspflege, Sozialpädagogik, Gesundheits- und Altenpflege) auszugehen, und zwar sowohl für die Regie als auch für die Einsatzpraxis. Dies gilt auch bei niederschwellig erscheinenden Assistenzleistungen wie Begleitung bei Arztbesuchen, Einkäufen, Freizeit oder Präsenzdiensten bei schwerer Mehrfachbehinderung oder erheblich herausforderndem Verhalten.
- Auch beim Einsatz von Assistenzkräften ohne Fachkraftstatus sowie Servicediensten (z. B. Hauswirtschaft, Fahrdienste) ist eine kontinuierliche fachliche Unterstützung und Anleitung mit einer Orientierung am Teilhabekonzept erforderlich.

---

56 vgl. BAG HEP (2019): Qualifikationsprofil Heilerziehungspflege
57 vgl. auch entsprechende Regelungen in Landesrahmenverträgen

Sicherungen gegen Fremdbestimmung und Machtmissbrauch in der Assistenz

Abhängigkeitsverhältnisse in asymmetrischen Beziehungen sind immer verbunden mit der *Gefahr von Bevormundung und Fremdbestimmung bis hin zu Machtmissbrauch.* Auch bei Assistenzleistungen besteht strukturell immer eine solche Gefahr, insbesondere dort, wo die Teilhabemöglichkeiten zur notwendigen Vermeidung von Selbst- und Fremdgefährdung eingeschränkt werden.

- Assistenzdienste benötigen systemische Sicherungen gegen Fremdbestimmung auf einer ethischen Grundlage der Achtsamkeit, konkretisiert in einem Leitbild, in Haltungen und einer Arbeitskultur, in Angeboten von Fortbildung, kollegialer Beratung, Supervision sowie Konzeptionen zur Gewaltprävention und zum Konfliktmanagement.
- Gerade in eng strukturierten Wohn- und Unterstützungsformen bedarf es strukturell gesicherter Prozesse für Transparenz, Reflexion und Legitimation von Maßnahmen wie z. B. bei pflegeintensiver Unterstützung (Einschränkungen von Privatsphäre, Verweigerung von Pflegemaßnahmen, Umsetzung von Pflegestandards), bei Erstellung und Aufrechterhalten sozialer Regeln (Reaktionen auf herausforderndes Verhalten, Zusammenleben in der Gruppe, Verhalten in der Öffentlichkeit) oder in der strukturierten Intensivbetreuung.
- Besondere Aufmerksamkeit erfordern Teilhabeeinschränkungen bei Menschen mit Selbst- oder Fremdgefährdungen. Hier sind in den Assistenzdiensten konzeptionell und personell Vorkehrungen zu treffen und eine Arbeitskultur zu entwickeln, die sich dem Ziel verpflichtet fühlt, freiheitseinschränkende Maßnahmen möglichst zu vermeiden, konkrete Alternativen auch in kritischen Situationen zu entwickeln und erforderliche Beschränkungen so gering wie möglich zu halten.
- Der Einsatz freiheitseinschränkender Maßnahmen ist in der Konzeption von Assistenzdiensten, in klaren Verfahrensregelungen und in einem Personalkonzept zu regeln, unter Beachtung geltender rechtlicher Bestimmungen und mit dafür zuständigen Behörden (Gerichte, Aufsichtsbehörden[58]).

Assistenz beim Zugang zu allgemeinen und speziellen regionalen Diensten

Um das Recht von Menschen mit komplexem Unterstützungsbedarf für ein Wohnen außerhalb besonderer Wohnformen bzw. in Wohnformen ihrer Wahl zu realisieren, bedarf es einerseits einer möglichst multiprofessionellen Assistenz bei allen alltagsbezogenen Aktivitäten, andererseits eines Zugangs zu allgemeinen und speziellen gesundheitlichen, psychiatrischen, psychosozialen und anderen speziellen Diensten.

---

58 z. B. Heimaufsicht bzw. Behörden im Rahmen von Länder-Wohn- und Teilhabegesetzen

- Für die Nutzung allgemeiner Sozial- und Gesundheitsdienste wie Haus- und Fachärzt*innen, Krankenhäuser, Therapeut*innen und Beratungsdienste bedarf es bei komplexem Unterstützungsbedarf in der Regel einer kommunikativ und psychosozial qualifizierten Begleitung. Sie trägt dazu bei, Befindlichkeiten und Schmerzen zu interpretieren, qualifizierte Diagnosen zu ermöglichen und therapeutische Bedarfe zu kommunizieren, sichert die Umsetzung von Verordnungen und koordiniert eventuelle Folgebehandlungen.
- Erforderlich ist bei komplexem Unterstützungsbedarf in aller Regel eine Assistenz im Krankenhaus, um die alltägliche Versorgung zu gewährleisten, medizinische Leistungen zu begleiten und zu kommunizieren sowie Gefährdungssituationen und freiheitsentziehende Maßnahmen zu vermeiden.[59]
- Bei spezifischen Problemlagen ergibt sich zusätzlicher Assistenzbedarf des Akquirierens, Aufsuchens und Nutzens allgemeiner medizinischer, vor allem psychiatrischer, neurologischer und psychotherapeutischer Dienste sowie spezialisierter regionaler Unterstützungsdienste für Beratung, Therapie und Krisendienste.[60] Die zusätzliche Assistenz umfasst insbesondere auch den wechselseitigen Transfer von Informationen, Kompetenzen und vereinbarter Maßnahmen sowie einer intensiven assistierenden Begleitung zu entsprechenden Diensten.

Komplexe Assistenz erfordert höhere und/oder spezifische Ressourcen

Höherer und komplexer Assistenzbedarf betrifft in der Regel alle Lebensbereiche und Teilhabebereiche: die alltägliche Lebensführung, die Freizeit, das Aufrechterhalten bestehender und Erschließen neuer sozialer Kontakte, die körperliche Selbstversorgung und aktivierende Pflege, die individuelle Mobilität, die spezifische Kommunikation, die intensive Begleitung zu Gesundheitsdiensten und die Unterstützung im Krankenhaus.

- Assistenz zur selbstbestimmten und eigenständigen Bewältigung des Alltags und der Tagesstrukturierung erfordert bei komplexen Unterstützungsbedarfen in der Regel auch komplexere Modalitäten und Ressourcen der Unterstützung anstelle unverknüpfter Einzelverrichtungen. Dies bedeutet zumeist mehr Zeit und damit mehr personelle Ressourcen, zusätzliche und spezielle Kompetenzen und Hilfsmittel sowie geeignete Rahmenbedingungen.
- Vielfach ist bei komplexem Unterstützungsbedarf eine 24-Stunden-Assistenz unabdingbar. Im Falle erheblich herausfordernden Verhaltens mit Fremd- oder Selbstgefährdungspotenzial kann zeitweise oder dauerhaft eine intensive Assistenz unter Einschluss von Krisendiensten sowie Konzepten und Maßnahmen der Gewaltprävention und Krisenintervention erforderlich sein. Dies ist

---

59 Ein bereits für Assistenz nach dem Arbeitgebermodell bestehender Anspruch (§ 11 Abs. 3 SGB V) muss auf alle Menschen mit Behinderungen erweitert werden.
60 vgl. Dieckmann & Haas 2007.

kein Plädoyer für Intensivgruppen, jedoch für die Notwendigkeit intensiver pädagogisch-therapeutischer Unterstützungsformen im Rahmen regionalisierter Angebote in der Behindertenhilfe.
- In anwaltschaftlicher Vertretung von Menschen mit kognitiven Beeinträchtigungen und hohem und komplexem Unterstützungsbedarf ist nach wie vor einzufordern, dass die Umsetzung der personen- und teilhabebezogenen Leistungsansprüche aus dem neuen Teilhaberecht nur durch höhere anspruchsgerechte, deutlich verbesserte Leistungsentgelte sicherzustellen ist.
- Außerdem sind Menschen mit komplexem Unterstützungsbedarf und ihre Assistenzdienste auf die verstärkte inklusive Nutzung der sozialen Infrastruktur sowie auf funktionsfähige Beratungsstrukturen und spezialisierte Dienste vor Ort und in den Regionen angewiesen. Vorrangig gefördert werden sollte – entsprechend der Anforderungen aus dem Monitoring zur UN-BRK-Staatenprüfung – die Fortsetzung der De-Institutionalisierung und der Auf- und Ausbau inklusiver kleiner Wohnformen unabhängig vom Unterstützungsbedarf.[61]

Assistenz und Teilhabemanagement

Mit der Personenzentrierung und der Individualisierung von Ansprüchen auf Assistenzleistungen sowie entsprechenden Wohn- und Unterstützungsarrangements wächst die Komplexität in Organisation, Steuerung und Verantwortung von Assistenzdiensten.

- Für Leistungsträger ergeben sich komplexere Anforderungen zur Steuerung, Wirkungskontrolle und Dokumentation in der Teilhabe- und Gesamtplanung. Ein regionales Fallmanagement erfordert für Leistungsbearbeitung und -beratung teilhabebezogene fachliche Kenntnisse zum leistungsberechtigten Personenkreis (§ 97 SGB IX) sowie örtliche Erreichbarkeit.
- Aber auch bei den Leistungserbringern von Assistenzdiensten muss sich die fachliche und betriebliche Organisation und Gestaltung des Teilhabeprozesses mit einer passenden Personalentwicklung und einem strukturierten Teilhabemanagement professionalisieren: von der Bedarfsanzeige und -ermittlung über die Teilhabeplanung bis hin zur verbindlichen Umsetzung von Teilhabezielen und -maßnahmen und deren regelhafter Evaluation.[62]
- Eine wesentliche Herausforderung für ein wirksames Teilhabemanagement besteht auf Leistungserbringerseite im personenzentrierten Erschließen, Zusammenführen, Koordinieren, Umsetzen und Evaluieren komplexer Leistungsansprüche aus der Eingliederungshilfe und anderen sozialgesetzlichen Leistungsbereichen (Gesundheitsleistungen, Pflegeleistungen, existenzsichernde Leistungen).

---

61 vgl. Deutsches Institut für Menschenrechte, Monitoringstelle 2019
62 May et al. 2018, 117; vgl. auch Kap. 5 (Individuelle Teilhabeplanung und Teilhabemanagement) dieser Standards

- Zur Stärkung der Rechte und der Partizipation von Menschen mit kognitiven Beeinträchtigungen und komplexem Unterstützungsbedarf in Assistenzdiensten bedarf es partizipativer Prozesse und Strukturen. Dies kann geschehen z. B. durch eine unabhängige professionelle Teilhabeberatung im Verbund mit Peer-Beratung, den Einbezug von Vertrauenspersonen und eines Kreises von Unterstützer*innen, ein Verbesserungs- und Beschwerdemanagement sowie den Einsatz geeigneter Kommunikationsmedien.

Literatur

Berufs- und Fachverband Heilpädagogik (BHP), Fachbereichstag Heilpädagogik (FBT.HP) & Ständige Konferenz der Ausbildungsstätten für Heilpädagogik (STK) (Hrsg.) (2019): Positionspapier und Arbeitshilfe zum Bundesteilhabegesetz (BTHG). Berlin. Online verfügbar unter: https://bhponline.de/download/BHP%20Informationen/BHP%20Stellungnahmen,%20BHP%20Position/20190320-2-Positionspapier-zum-BTHG-final.pdf, Zugriff am 05.07.2020.

Bundesarbeitsgemeinschaft der Ausbildungsstätten für Heilerziehungspflege in Deutschland (BAG HEP) (2019): Qualifikationsprofil Heilerziehungspflege. Länderübergreifendes kompetenzorientiertes Qualifikationsprofil für die Ausbildung von Heilerziehungspfleger*innen an Fachschulen für Heilerziehungspflege. Online verfügbar unter: https://bag-hep.de/uploads/media/Qualifikationsprofil_fuer_Heilerziehungspfleger.pdf, Zugriff am 28.06.2020.

Bundesministerium für Arbeit und Soziales (BMAS) (2016): Referentenentwurf eines Gesetzes zur Stärkung der Teilhabe und Selbstbestimmung von Menschen mit Behinderungen. Referentenentwurf des Bundesministeriums für Arbeit und Soziales vom 26.04.2016. Online verfügbar unter: https://www.gemeinsam-einfach-machen.de/SharedDocs/Downloads/DE/AS/BTHG/Referentenentwurf_BTHG.pdf?__blob=publicationFile&v=4, Zugriff am 28.06.2020.

Bundesministerium für Arbeit und Soziales (BMAS) (2018): Häufige Fragen zum Bundesteilhabegesetz (BTHG). Stand 15.09.18. Online verfügbar unter: https://www.bmas.de/SharedDocs/Downloads/DE/PDF-Schwerpunkte/faq-bthg.pdf?__blob=publicationFile&v=19, Zugriff am 28.06.2020.

Bundesvereinigung Lebenshilfe (Hrsg.) (2018): Recht auf Teilhabe. Ein Wegweiser zu allen wichtigen Leistungen für Menschen mit Behinderungen. Marburg: Lebenshilfe-Verlag.

Caritas Behindertenhilfe und Psychiatrie (CBP) (2020): Gesetzliche Anforderungen an die Qualifikation zur Erbringung von Assistenzleistungen nach § 78 SGB IX. Online verfügbar unter: https://www.cbp.caritas.de/cms/contents/cbp.caritas.de/medien/dokumente/themen/bthg/gesetzliche-anforder/bthg_assistenzdcv_cbp.pdf?d=a&f=pdf, Zugriff am 28.6.2020.

Conty, M., Michel, C., Pleuß, S. & Pöld-Krämer, S. (2017/2018): »Assistenzleistungen« im BTHG aus Sicht der Leistungserbringer. In: Nachrichtendienst NDV, 97 (12), S. 543–547 und 98 (1), S. 21–26.

Deutsche Heilpädagogische Gesellschaft (DHG) (Hrsg.) (2002): Persönliche Assistenz. Assistierende Begleitung. Veränderungsanforderungen für professionelle Betreuung und für Einrichtungen der Behindertenhilfe. Von E. Weber. Köln, Düren: Eigenverlag DHG. (DHG-Schrift 8)

Deutsches Institut für medizinische Dokumentation und Information (DIMDI) (Hrsg.) (2005): Internationale Klassifikation der Funktionsfähigkeit, Behinderung und Gesundheit (ICF). Genf: World Health Organization. Online verfügbar unter: https://www.dimdi.de/dynamic/de/klassifikationen/icf/, Zugriff am 28.06.2020.

Deutsches Institut für Menschenrechte. Monitoring-Stelle UN-Behindertenrechtskonvention (2019): Analyse. Wer Inklusion will, sucht Wege. Zehn Jahre UN-Behindertenrechtskonvention in Deutschland. Online verfügbar unter: https://www.institut-fuer-menschenre

chte.de/fileadmin/user_upload/Publikationen/ANALYSE/Wer_Inklusion_will_sucht_Wege_Zehn_Jahre_UN_BRK_in_Deutschland.pdf, Zugriff am 28.06.2020.
Dieckmann, F. & Haas, G. (Hrsg.) (2007): Beratende und therapeutische Dienste für Menschen mit geistiger Behinderung und herausforderndem Verhalten. Stuttgart: Kohlhammer.
Graumann, S. (2019): Assistierte Freiheit. In: Orientierung, 2019 (1), 3–5.
Hähner, U., Niehoff, U., Sack, R. & Walther, H. (2016): Vom Betreuer zum Begleiter. Eine Handreichung zur Leitidee der Selbstbestimmung. 9., völlig überarbeitete Auflage. Marburg: Lebenshilfe-Verlag.
Kopyczinski, W. (2016): Assistenz zur Selbstbestimmung. Fachliche und menschenrechtliche Grundlagen zur Assistenz von Menschen mit kognitiver Beeinträchtigung. Marburger Beiträge zur Inklusion 01. Marburg: Lebenshilfe Hessen.
Kopyczinski, W. (2018): Die Krux mit der Selbstbestimmung: Überlegungen zur Weiterentwicklung der Praxis und der Konzepte in der Behindertenhilfe aus den Erfahrungen in dem Projekt MitLeben. In: M. May, A. Ehrhardt & M. Schmidt (Hrsg.): MitLeben. Sozialräumliche Dimensionen der Inklusion geistig behinderter Menschen. Opladen, Berlin & Toronto: Barbara Budrich, S. 199–218).
Kopyczinski, W. (2020): Assistenz im Bundesteilhabegesetz. In: Teilhabe, 59 (2), S. 72–76.
May, M., Ehrhardt, A. & Schmidt, M. (2018): Teilhabemanagement: Eine neue Aufgabe zur Verwirklichung von Selbstbestimmung und Inklusion. In: M. May, A. Ehrhardt & M. Schmidt (Hrsg.): MitLeben. Sozialräumliche Dimensionen der Inklusion geistig behinderter Menschen. Opladen, Berlin & Toronto: Barbara Budrich, S. 113-133.
Niehoff, U. (2016): Grundbegriffe selbstbestimmten Lebens. In: U. Hähner, U. Niehoff, R. Sack & H. Walther (Hrsg.): Vom Betreuer zum Begleiter. Eine Handreichung zur Leitidee der Selbstbestimmung. 9. vollständig überarbeitete Auflage. Marburg: Lebenshilfe-Verlag, S. 45–56.
Schäfers, M. (2017): Personenzentrierung als sozialpolitische Programmformel. Zum Diskurs der Eingliederungshilfereform. In: G. Wansing & M. Windisch (Hrsg.): Selbstbestimmte Lebensführung und Teilhabe. Behinderung und Unterstützung im Gemeinwesen. Stuttgart: Kohlhammer, S. 33–48).
Schädler, J. & Reichmann, M.F. (2018): Geschlossene Wohneinrichtungen, ein (neuer) örtlicher Exklusionsbereich? In: Teilhabe, 57 (3), S. 112–118.
Seifert, M. (2009): Selbstbestimmung und Fürsorge im Hinblick auf Menschen mit besonderen Bedarfen. In: Teilhabe, 48 (3), S. 122–128.
Seifert, M. (2010): Kundenstudie. Bedarf an Dienstleistungen zur Unterstützung des Wohnens von Menschen mit Behinderung. Berlin: Rhombos.
Steiner, G. (1999): Selbstbestimmung und Assistenz. In: Gemeinsam leben, 7 (3), S. 104–110. Online verfügbar unter: http://bidok.uibk.ac.at/library/gl3-99-selbstbestimmung.html, Zugriff am 28.06.2020.
UN-Behindertenrechtskonvention (UN-BRK) (2006): Übereinkommen über die Rechte von Menschen mit Behinderungen vom 13. Dezember 2006. Bundesgesetzblatt (BGBL) 2008 II, S. 1419. Online verfügbar unter: https://www.institut-fuer-menschenrechte.de/dasinstitut/monitoring-stelle-un-brk/die-un-brk, Zugriff am 29.12.2020.

4 Teilhabe und Pflege

Die Einführung des Bundesteilhabegesetzes und der Pflegestärkungsgesetze haben in der Praxis zu Unklarheiten hinsichtlich der Zuordnung der Leistungen für Menschen mit kognitiven Beeinträchtigungen und komplexem Unterstützungsbedarf zu den Systemen geführt: Teilhabe oder Pflege?

Die UN-Behindertenrechtskonvention (UN-BRK) fordert, dass Menschen mit Behinderungen selbstbestimmt leben und an der Gesellschaft teilnehmen können, unabhängig von Art und Umfang des Unterstützungsbedarfs. An dieser Zielsetzung orientiert sich die professionelle Arbeit mit Menschen mit komplexen Beeinträchtigungen. Die Leistungsträger und Leistungserbringer haben diesem Anspruch Rechnung zu tragen.

Vor diesem Hintergrund nimmt der Standard »Teilhabe und Pflege« *Abgrenzungsfragen zwischen Eingliederungshilfe und Pflege* in den Blick und fragt nach Gemeinsamkeiten und Unterschieden der Leistungssysteme hinsichtlich der Zielperspektiven Selbstbestimmung und Teilhabe. Die Erkenntnisse geben Einrichtungen und Diensten der Behindertenhilfe praxisbezogene fachliche Argumentationshilfen für die Notwendigkeit einer teilhabeorientierten Unterstützung für Menschen mit kognitiven Beeinträchtigungen und komplexem Unterstützungsbedarf im Bereich des Wohnens.

4.1 Fachliche Herausforderungen

Die gegenwärtige Rechtslage ist klar: Menschen mit Behinderungen haben das Recht, Leistungen der Eingliederungshilfe und Leistungen der Pflegeversicherung in Anspruch zu nehmen, nebeneinander und unabhängig vom Alter der Person und von der Intensität des Pflegebedarfs. Beide Leistungen verfolgen verschiedene Zwecke, sind also nicht gleichartig. Dennoch gibt es in der Praxis Probleme, die im Zeichen der UN-BRK der Klärung bedürfen.

Problemaufriss

Da Menschen mit komplexem Unterstützungsbedarf i. d. R. Leistungen mehrerer Systeme mit jeweils unterschiedlicher Zielsetzung in Anspruch nehmen, sind Abgrenzungsfragen vorprogrammiert. Dabei gerät das menschenrechtlich basierte Ziel der Teilhabe einschließlich der dazu notwendigen Unterstützung häufig außer Acht, weil Pflegeleistungen nach dem SGB XI (wie auch die Hilfe zur Pflege nach dem SGB XII) nicht auf Teilhabe abzielen. Die aktuellen Reformgesetze der Eingliederungshilfe (Bundesteilhabegesetz – BTHG) und der Sozialen Pflegeversicherung (PNG; PSG I-III)[63] haben keine Klärung der bestehenden Schnittstellenproblematik zwischen den beiden Leistungssystemen gebracht.

Die in einzelnen Elementen *teilhabeorientierte Ausrichtung des neuen Pflegebedürftigkeitsbegriffs* erschwert die Abgrenzung von Leistungen zur sozialen Teilhabe der Eingliederungshilfe. Sie verstärkt die schon seit mehreren Jahren bestehende Praxis, pflegebedürftige Menschen mit kognitiven Beeinträchtigungen und komplexem Unterstützungsbedarf aus fiskalischen Gründen Teilhabeleistungen nicht mehr im erforderlichen Umfang zu bewilligen und ins Pflegesystem zu verschieben (SGB XI oder SGB XII Hilfe zur Pflege). Schon jetzt gibt es Versuche von kommunalen Leistungsträgern der Eingliederungshilfe, Zugriff auf Leistungen der Pflegeversicherung zu nehmen, um Eingliederungshilfeleistungen zu reduzieren.[64]

Im Gegensatz zum BTHG, nach dem die Leistungen der Eingliederungshilfe ab 2020 nicht mehr wohnformbezogen, sondern personenzentriert erbracht werden, hält die Pflegeversicherung an den bisherigen *wohnformbezogenen Regelungen* fest: Am individuellen Pflegegrad orientierte Leistungen für pflegebedürftige Personen werden nach wie vor nur in der eigenen Häuslichkeit gewährt. Pflegebedürftige Menschen in besonderen Wohnformen erhalten – unabhängig vom jeweils festgestellten Pflegegrad – lediglich einen Pauschalbetrag.

Es ist zu befürchten, dass die Leistungsbeschränkung der Pflegeversicherung in Einrichtungen künftig auch auf gemeinschaftliche Wohnformen in ambulant unterstützten Settings übertragen wird. Eine solche Leistungsminderung wird insbesondere pflegebedürftige Menschen mit komplexem Unterstützungsbedarf, die zur Zeit in gemeinwesenbasierten Wohnformen die vollen Leistungen der Pflegeversicherung und der Eingliederungshilfe gleichrangig nebeneinander erhalten, treffen und die Weiterentwicklung person- und sozialraumorientierter

---

63 2012: Pflege-Neuausrichtungs-Gesetz (PNG): Als neue Sachleistung wurden pflegerische Betreuungsmaßnahmen als dritte Säule neben Grundpflege und hauswirtschaftlicher Versorgung eingeführt. Sie umfassen Unterstützungsleistungen zur Bewältigung und Gestaltung des alltäglichen Lebens im häuslichen Umfeld (§ 36 Abs. 2, 3 SGB XI). 2014: Erstes Pflegestärkungsgesetz (PSG I): Menschen mit kognitiven und psychischen Beeinträchtigungen sowie demenziellen Erkrankungen können nun gleichberechtigt mit anderen Leistungen der Pflegeversicherung in Anspruch nehmen. 2015: Zweites Pflegestärkungsgesetz (PSG II): Der Begriff der Pflegebedürftigkeit wurde neu definiert und ein neues Begutachtungsassessment (NBA) zur Feststellung der Pflegebedürftigkeit entwickelt. 2016: Drittes Pflegestärkungsgesetz (PSG III): Kern dieses Gesetzes ist eine Stärkung der Gestaltungsmöglichkeiten der Kommunen bei der Planung und Steuerung von Pflegeangeboten und bei der Beratung. Beispiele: wohnortnahe Beratungs- und Fallmanagement-Strukturen, breites Spektrum altersgerechter Wohnformen, aufeinander abgestimmte ambulante und stationäre pflegerische Versorgung.

64 vgl. Schindler 2018

Wohnangebote für diesen Personenkreis, die von der UN-BRK ausdrücklich eingefordert werden, hemmen.

Zielsetzung und Reichweite der Leistungssysteme

Zur Klärung der Schnittstellenproblematik gilt es, die Teilhabeleistungen der Eingliederungshilfe gegenüber den teilhabebezogenen Leistungen der Pflegeversicherung zu präzisieren und zu konkretisieren. Aus den Definitionen der *Zielgruppen* der beiden Leistungssysteme lassen sich bereits die jeweils relevanten Handlungsfelder ableiten: Im SGB IX steht die Beeinträchtigung der gesellschaftlichen Teilhabe durch einstellungs- und umweltbedingte Barrieren im Vordergrund, im SGB XI die gesundheitlich bedingten Beeinträchtigungen der Selbstständigkeit und Fähigkeiten sowie das Angewiesensein auf personelle Unterstützung:

> »Menschen mit *Behinderungen* sind Menschen, die körperliche, seelische, geistige oder Sinnesbeeinträchtigungen haben, die sie in Wechselwirkung mit einstellungs- und umweltbedingten Barrieren an der gleichberechtigten Teilhabe an der Gesellschaft (...) hindern können.« (§ 2 Abs. 1 SGB IX)
>
> »*Pflegebedürftig* im Sinne dieses Buches sind Personen, die gesundheitlich bedingte Beeinträchtigungen der Selbständigkeit oder der Fähigkeiten aufweisen und deshalb der Hilfe durch andere bedürfen. Es muss sich um Personen handeln, die körperliche, kognitive oder psychische Beeinträchtigungen oder gesundheitlich bedingte Belastungen oder Anforderungen nicht selbständig kompensieren oder bewältigen können.« (§ 14 Abs. 1 u. 2 SGB XI)

Beide Leistungsarten wollen ein möglichst selbstständiges und selbstbestimmtes Leben unterstützen. Bei der Zielsetzung und Reichweite der Leistungen gibt es deutliche Unterschiede:

- Aufgabe der *Eingliederungshilfe als Leistung zur Teilhabe nach dem SGB IX* ist, »die persönliche Entwicklung ganzheitlich zu fördern und die Teilhabe am Leben in der Gesellschaft sowie eine möglichst selbständige und selbstbestimmte Lebensführung zu ermöglichen oder zu erleichtern« (vgl. § 4 Abs. 4, 1 SGB IX). *Erklärtes Ziel*: Teilhabe. *Orientierungsrahmen*: ICF (Internationale Klassifikation der Funktionsfähigkeit, Behinderung und Gesundheit). *Leistungsumfang*: umfassender Blick auf alle Lebensbereiche; offener Leistungskatalog.

Die Aufgaben der Eingliederungshilfe korrespondieren mit den Forderungen der UN-Behindertenrechtskonvention, nach denen Menschen mit Behinderungen in die Lage versetzt werden sollen, »ein Höchstmaß an Unabhängigkeit, umfasse körperliche, geistige, soziale und berufliche Fähigkeiten sowie die volle Einbeziehung in alle Aspekte des Lebens und die volle Teilhabe an allen Aspekten des Lebens zu erreichen und zu bewahren« (Art. 26 UN-BRK). Dazu gehören z.B. die Bereiche Gesundheit, Arbeit, Bildung und Sozialdienste, die in jeweils eigenen Artikeln als subjektive Menschenrechte ausgestaltet sind (Art. 25, Art. 27, Art. 24, Art. 19 b und c UN-BRK).

- *Aufgabe der Leistungen der Pflegeversicherung* ist »Wiedergewinnung oder Erhalt der körperlichen, geistigen und seelischen Kräfte der Pflegebedürftigen – mit dem Ziel eines möglichst selbständigen und selbstbestimmten Lebens« (§ 2 Abs. 1 SGB XI). *Erklärtes Ziel*: Selbstständigkeit. *Orientierungsrahmen*: NBA (Neues Begutachtungsassessment). *Leistungsumfang*: im Mittelpunkt der pflegebedürftige Mensch in seinem häuslichen Wohnumfeld; auf spezifische Bedarfe begrenzt.

Mit der Zielsetzung »Selbstständigkeit« lässt die Pflegeversicherung außer Acht, dass Menschen mit kognitiven Beeinträchtigungen und komplexem Unterstützungsbedarf weiteren und vor allem auch qualitativ anderen Hilfebedarf haben als die »Wiederherstellung« oder den »Erhalt« ihrer Selbstständigkeit. Anders als Menschen ohne lebenslange Behinderung, deren Fähigkeiten krankheits- oder altersbedingt Abbauprozessen unterliegen, geht es bei dem Personenkreis, der i. d. R. von Kindheit an erheblich beeinträchtigt ist, nicht um die Wiedergewinnung von Fähigkeiten, sondern um deren Entwicklung. Viele brauchen Unterstützung bei der (Weiter-)Entwicklung ihrer Kompetenzen, bei der Ausbildung ihrer Fähigkeit zur Selbstbestimmung und ihrer Persönlichkeit, bei der Erarbeitung von Zukunftsplänen und bei der Einbindung in das Leben im Wohnumfeld und in die Gesellschaft.[65] Die jeweils erlangte Selbstständigkeit kann die Teilhabe an Lebensbereichen erleichtern. Sie ist aber keine Bedingung für die Inanspruchnahme des Rechts auf Teilhabe.

Bezugskonzepte von Eingliederungshilfe und Pflege

Für die professionelle Arbeit an der Schnittstelle von Eingliederungshilfe und Pflege sind zwei dem jeweiligen Leistungssystem zugeordnete Bezugskonzepte handlungsleitend: Das bio-psycho-soziale Modell der WHO, das in der Internationalen Klassifikation der Funktionsfähigkeit, Behinderung und Gesundheit (ICF) niedergelegt ist[66], und das Neue Begutachtungsassessment (NBA) der Pflegeversicherung[67]. Sie werden im Folgenden stichwortartig charakterisiert und hinsichtlich ihrer Bedeutung für die Arbeit mit Menschen mit komplexem Unterstützungsbedarf miteinander verglichen.

Bio-psycho-soziales Modell der WHO (ICF)

Gemäß § 118 SGB IX orientiert sich die Bedarfsfeststellung in der Eingliederungshilfe am international anerkannten Klassifikationssystem ICF.[68] Basis ist das bio-psycho-soziale Modell der WHO, das Menschen mit einem Gesundheits-

---

65 ausführlich s. Kap. 3 (Teilhabe und Assistenz) dieser Standards
66 vgl. DIMDI 2005
67 vgl. Wingenfeld et al. 2011
68 ausführlich s. Kap. 5 (Individuelle Teilhabeplanung und Teilhabemanagement) dieser Standards

problem (Problem der funktionalen Gesundheit) als *selbstständig und selbstbestimmt handelnde Subjekte in Umwelt und Gesellschaft* betrachtet, mit dem *Recht auf Teilhabe* (Partizipation), d. h. Einbezogensein in Lebenssituationen und Lebensbereichen. Die Realisierung von Teilhabe vollzieht sich in einem *Wechselwirkungsprozess zwischen den individuellen Voraussetzungen und förderlichen oder hinderlichen Faktoren der sozialen und materiellen Umwelt und personbezogenen Faktoren*. Eine negative Wechselwirkung führt zu Einschränkungen der Teilhabe.

Teilhaberelevante Aspekte werden in neun Bereichen der Aktivitäten und Teilhabe konkretisiert[69]: (1) *Lernen und Wissensanwendung* (z. B. bewusste sinnliche Wahrnehmungen wie Zuschauen, Zuhören, Fühlen; elementares Lernen wie Nachmachen, Üben, Fertigkeiten aneignen; Lesen, Schreiben, Rechnen; Anwendung des erlernten Wissens zur Problemlösung und Entscheidungsfindung); (2) *Allgemeine Aufgaben und Anforderungen* (z. B. Organisation des Alltags; Durchführung täglicher Routinen; Umgang mit Belastungen); (3) *Kommunikation* (z. B. Lautäußerungen, Reagieren auf Ansprache, Körpersprache, verbaler und nonverbaler Austausch mit anderen, ggf. mit Kommunikationsmitteln); (4) *Mobilität* (z. B. Körperposition ändern und aufrechterhalten; Gegenstände handhaben; Fortbewegung, ggf. mit Hilfsmitteln, auch außerhalb des Wohnbereichs); (5) *Selbstversorgung* (z. B. Körperhygiene, Ernährung, Gesundheitssorge); (6) *Häusliches Leben* (haushaltsbezogene Aktivitäten); (7) *Interpersonelle Interaktionen und Beziehungen* (z. B. informelle und formelle soziale Beziehungen; Familienbeziehungen; intime Beziehungen); (8) *Bedeutende Lebensbereiche* (z. B. Bildung, Arbeit, wirtschaftliches Leben); (9) *Gemeinschafts-, soziales und staatsbürgerliches Leben* (gleichberechtigte Teilhabe am Leben im Gemeinwesen; Genuss der Menschenrechte, z. B. Chancengleichheit, Selbstbestimmung, Wahlrecht, Schutz vor Diskriminierung). – Die Leistungen zur sozialen Teilhabe (§§ 76–84 SGB IX) decken die genannten Teilhabebereiche ab.

Neues Begutachtungsassessment der Pflegeversicherung (NBA)

Das Neue Begutachtungsassessment (NBA) der Pflegeversicherung wurde unter Berücksichtigung national und international anerkannter Pflegemodelle und Assessment-Instrumente entwickelt. Maßstab für die Feststellung der Pflegebedürftigkeit ist der *Grad der Selbstständigkeit* im Alltag. Gesundheitlich bedingte Beeinträchtigungen der Selbstständigkeit oder der Fähigkeiten einer Person werden in *sechs Bereichen* anhand pflegefachlich begründeter Kriterien ermittelt und in einem Punktesystem bewertet (§ 14 Abs. 2 SGB IX): (1) *Mobilität* (u. a. Fortbewegen innerhalb des Wohnbereichs, Treppensteigen); (2) *Kognitive und kommunikative Fähigkeiten* (u. a. Erkennen von Personen aus dem näheren Umfeld, örtliche und zeitliche Orientierung, Erinnerungsfähigkeit, Treffen von Entscheidungen im Alltagsleben, Verstehen von Sachverhalten, Informationen und Aufforderungen, Erkennen von Risiken und Gefahren, Mitteilen von elementaren Bedürfnissen, Beteiligen an einem Gespräch); (3) *Verhaltensweisen und psychische Pro-*

---

69 ausführlich: Bezugskonzepte in Kap. 2 dieser Standards

blemlagen (z. B. motorisch geprägte Auffälligkeiten, selbstschädigendes und autoaggressives Verhalten, Beschädigen von Gegenständen, physisch aggressives Verhalten gegenüber anderen Personen, verbale Aggression, Abwehr pflegerischer oder anderer unterstützender Maßnahmen, Wahnvorstellungen, Ängste, Antriebslosigkeit bei depressiver Stimmungslage, sozial inadäquate Verhaltensweisen); (4) *Selbstversorgung* (u. a. Körperpflege, An- und Auskleiden, Essen, Trinken, Toilettengang); (5) *Bewältigung von und selbständiger Umgang mit krankheits- und therapiebedingten Anforderungen und Belastungen* (u. a. Selbstständigkeit bei der Medikamenteneinnahme, im Umgang mit Hilfsmitteln, bei Arztbesuchen; Einhalten therapiebedingter Verhaltensvorschriften); (6) *Gestaltung des Alltagslebens und soziale Kontakte* (Tagesablauf, Beschäftigungen, Planungen von Aktivitäten, Interaktionen mit Personen im direkten Umfeld, Kontaktpflege mit Personen außerhalb).

Zur Gewährleistung einer umfassenden Beratung, eines individuellen Versorgungsplans, eines adäquaten Versorgungsmanagements, der individuellen Pflegeplanung und sachgerechter Hilfen bei der Haushaltsführung sind bei der Begutachtung auch Beeinträchtigungen der Selbstständigkeit und der Fähigkeiten in den Bereichen »Außerhäusliche Aktivitäten« und »Haushaltsführung« festzustellen (§ 18 Abs. 5a SGB XI). Die Ergebnisse fließen jedoch nicht in die Punktwertung ein, da hier auftretende Kompetenzeinbußen bereits in den Feststellungen zu den o. g. zentralen Bereichen enthalten sind. Wesentliche Beurteilungskriterien sind:

- *Außerhäusliche Aktivitäten*: u. a. Fortbewegen außerhalb der Wohnung oder der Einrichtung, Nutzung öffentlicher Verkehrsmittel im Nahverkehr, Teilnahme an kulturellen, religiösen oder sportlichen Veranstaltungen, Besuch von Kindergarten, Schule, Arbeitsplatz, Werkstatt für behinderte Menschen, Einrichtung der Tages- oder Nachtpflege oder eines Tagesbetreuungsangebotes, Teilnahme an sonstigen Aktivitäten mit anderen Menschen;
- *Haushaltsführung*: Einkaufen für den täglichen Bedarf, Zubereitung einfacher Mahlzeiten, einfache Aufräum- und Reinigungsarbeiten einschließlich Wäschepflege, Nutzung von Dienstleistungen, Umgang mit finanziellen Angelegenheiten, Umgang mit Behördenangelegenheiten.

Vergleich der Ansätze

Eine tabellarische Gegenüberstellung der ICF-Bereiche und der NBA-Bereiche zeigt Gemeinsamkeiten und Unterschiede (Tab. 1).

Teilhaberelevante Aspekte haben im neuen Begutachtungsverfahren der Pflegeversicherung gegenüber der bislang einseitig verrichtungsbezogenen Ausrichtung der Pflegeleistungen größere Bedeutung. So weist die inhaltliche Ausgestaltung der Bereiche 2, 3 und 6 deutliche Schnittstellen zu Aufgabenfeldern der Eingliederungshilfe auf. Betrachtet man jedoch die Gewichtung der drei Bereiche, wird deutlich, dass sie insgesamt nur mit 30 % Berücksichtigung finden. Dabei wird den Bereichen »Kognitive und kommunikative Fähigkeiten« und »Verhaltensweisen und psychische Problemlagen« ein gemeinsam gewichteter Punkt zugeordnet, der sich aus den jeweils höchsten Punkten des einen oder anderen Bereichs ergibt (vgl. § 15 Abs. 3 Satz 2 SGB XI). Die Bereiche »Selbstversorgung«, »Umgang mit krankheits- und therapiebedingten Anforderungen und Belastungen« und »Mobilität« werden mit insgesamt 70 % gewichtet. Der Schwerpunkt der Pflege liegt somit auf gesundheitlichen Aspekten und der Selbstständigkeit.

Tab. 1: ICF- und NBA-Bereiche im Vergleich, eigene Darstellung

ICF (Eingliederungshilfe) Bedarfsfeststellung Ziel: Teilhabe	NBA (Pflegeversicherung) Feststellung der Pflegebedürftigkeit Ziel: Selbstständigkeit
Lernen und Wissensanwendung	Bewältigung von und selbstständiger Umgang mit krankheits- und therapiebedingten Anforderungen und Belastungen (5)
Allgemeine Aufgaben und Anforderungen	Verhaltensweisen und psychische Problemlagen (3)
Kommunikation	Kognitive und kommunikative Fähigkeiten (2)
Mobilität	Mobilität (1)
Selbstversorgung	Selbstversorgung (4)
Häusliches Leben	(Haushaltsführung, ohne Punktwertung)
Interpersonelle Interaktionen und Beziehungen	Gestaltung des Alltagslebens und sozialer Kontakte (6)
Bedeutende Lebensbereiche	(Außerhäusliche Aktivitäten, ohne Punktwertung)
Gemeinschafts-, soziales und staatsbürgerliches Leben	(Außerhäusliche Aktivitäten, ohne Punktwertung)

Gemeinsamkeiten zwischen ICF-Bereichen und den NBA-Bereichen beschränken sich meist nur auf Teilaspekte, die ICF-Bereiche sind weiter gefasst. Zudem werden gleich oder ähnlich lautende Begriffe in den Modellen der Eingliederungshilfe und der Pflege unterschiedlich operationalisiert. Die Bereiche des NBA fokussieren primär auf den Wohnbereich. Die der Eingliederungshilfe zugrunde liegenden ICF-Bereiche beziehen neben dem Wohnbereich auch das nähere und weitere Umfeld und die gesellschaftliche Ebene mit ein. Wegen der unterschiedlichen Zielsetzungen von Eingliederungshilfe und Pflegeversicherungen sind die Bereiche hinsichtlich der Leistungserbringung nicht austauschbar.

So geht z. B. die Konkretisierung der ICF-Teilhabebereiche »Bedeutende Lebensbereiche« und »Gemeinschafts-, soziales und staatsbürgerliches Leben« weit über die NBA-Bereiche hinaus. Bei der Identifizierung von teilhabeförderlichen und -hemmenden Faktoren spielt der person- und umweltbezogene Kontext eine wichtige Rolle. Das NBA nimmt nur pflegerelevante Umweltaspekte in den

Blick, primär bezogen auf das häusliche Leben. So werden z. B. im ergänzenden pflegerischen Assessment zum NBA Kontextfaktoren »zu individuellen Bedürfnissen und Gewohnheiten, zur Biografie, zu den allgemeinen Lebensbedingungen sowie zu den Faktoren, die Pflegebedürftigkeit beeinflussen, und ihrem individuellen Wechselspiel«[70] erhoben. Im Vordergrund stehen die gesundheitlich bedingten Beeinträchtigungen der Selbstständigkeit oder der Fähigkeiten, Teilhabeaspekte sind sekundär.

Fazit: Eine einseitige Ausrichtung der Unterstützung und Begleitung von Menschen mit komplexem Unterstützungsbedarf auf der Basis des erweiterten Pflegebedürftigkeitsbegriffs beeinträchtigt die Möglichkeiten der Teilhabe dieses Personenkreises in starkem Maß. Pädagogische bzw. teilhabeorientierte Zielsetzungen fehlen, z. B. die Förderung der individuellen Entwicklung und der Fähigkeit zur Selbstbestimmung im Sinne von Empowerment sowie die soziale Einbindung in die Gemeinde im Zeichen von Inklusion und Partizipation. Kompensatorische Hilfen überwiegen. Von daher ist Überlegungen, die Hilfebedarfe von Menschen mit kognitiven Beeinträchtigungen und komplexem Unterstützungsbedarf primär im Pflegesystem zu verorten, eine Absage zu erteilen.

Primat der Teilhabe

Selbstbestimmung und Teilhabe in allen Lebensbereichen haben im Kontext der Behindertenhilfe obere Priorität.[71] Teilhabe wird nicht allein durch objektive Bedingungen wie Barrierefreiheit und Zugänglichkeit ermöglicht. Zur Wahrnehmung des Rechts auf Teilhabe benötigen Menschen mit komplexen Beeinträchtigungen spezifische Unterstützung, insbesondere durch pädagogische bzw. andragogische Fachkonzepte und personenzentrierte Instrumente. Das Erleben von Beteiligung, Anerkennung und Wertschätzung in subjektiv bedeutsamen Lebensbereichen verstärkt das Gefühl der Zugehörigkeit[72]. Mit Blick auf Abgrenzungsfragen zwischen Eingliederungshilfe und Pflege sind die teilhabeorientierte Pflege, die Teilhabe an Bildung und die Teilhabe am allgemeinen Leben von zentraler Bedeutung.

Teilhabeorientierte Pflege

In der Orientierungshilfe der Bundesarbeitsgemeinschaft der überörtlichen Träger der Sozialhilfe (BAGüS) wird zur Abgrenzung zwischen Eingliederungshilfe-Leistungen und Leistungen der Pflege konstatiert: »Körperbezogene Pflegemaß-

---

70 Wingenfeld et al. 2011, 361
71 vgl. Klauß 2017
72 vgl. UN-BRK, Präambel, lit. m

nahmen fallen eher in die Zuständigkeit der Pflege und befähigende Leistungen eher in die der Eingliederungshilfe.«[73] Bezogen auf Menschen mit kognitiven Beeinträchtigungen und komplexem Unterstützungsbedarf greift diese Zuordnung zu kurz, da Pflegeprozesse immer auch teilhaberelevante Aspekte beinhalten. Das heißt konkret: Aus der Perspektive der Teilhabe bemisst sich die Qualität der Gestaltung von Pflegeprozessen nicht allein an pflegefachlichen Standards, die auf die Befriedigung körperlicher Bedürfnisse ausgerichtet sind. Im Vordergrund stehen das *Wohlbefinden* der Person und das *Eröffnen von Teilhabemöglichkeiten* im Rahmen einer (meist nonverbalen, körperorientierten) dialogischen Beziehung, die sich an den individuellen Bedürfnissen orientiert, Impulse zur Eigenaktivität aufgreift und Raum bietet für Entwicklung.

> »Auch wenn bei der Pflege eine ›stellvertretende Ausführung‹ notwendig ist, muss diese immer die Anregung zur Aktivierung, zur aktiven Beteiligung beinhalten – sie darf deshalb nicht weniger Zeit brauchen und nicht geringere Qualifikation!«[74]

Pädagogik und Pflege sind bei der Gestaltung des Alltags von Menschen mit komplexem Unterstützungsbedarf eng miteinander verknüpft. Beide Disziplinen tragen gemeinsam zur *Verwirklichung von Teilhabe und weitgehender Selbstbestimmung* bei, werden jedoch durch das gegliederte System leistungsrechtlich voneinander getrennt. Darum ist es notwendig, dass beide im Sinne eines *Kompetenztransfers* miteinander kooperieren, z. B. durch Integration von Pflegefachkräften in die Mitarbeiterschaft oder durch Einrichtung eines gesundheitsbezogenen Dienstes, der pädagogische Mitarbeiter*innen für pflegerelevante Kompetenzen berät und qualifiziert. Manche Träger der Behindertenhilfe gründen einen eigenen Pflegedienst, um fachgerechte Pflege unter dem Dach der Behindertenhilfe sicherzustellen.

Teilhabe an Bildung

Der Aspekt Bildung ist kein eigenständiger Bereich im NBA der Pflegeversicherung. Teilaspekte sind im Bereich »Kognitive und kommunikative Fähigkeiten« enthalten. Dabei geht es überwiegend um die Wiedergewinnung von Kompetenzen zur selbstständigen Bewältigung des Alltags, z. B. hinsichtlich der zeitlichen und räumlichen Orientierung oder des Entscheidens, sowie um Kompetenzen des Verstehens und Sich-Mitteilens oder des Erinnerns, weniger um die Entwicklung der verbalen und nonverbalen Verständigung unter Einbeziehung von Hilfsmitteln der Unterstützten Kommunikation. An manchen Stellen des NBA wird von ggf. notwendigen *edukativen und beratenden pflegerischen Leistungen* gesprochen, z. B. hinsichtlich der Berücksichtigung von krankheits- und therapiebedingten Anforderungen (Bereich 5) oder im Zusammenhang mit der Gestaltung des Alltagslebens und sozialer Kontakte (Bereich 6)[75]. Auch hier ist das Ziel, durch Anleitung, Motivation und Schulung mehr Selbstständigkeit im Alltag zu

---

73 BAGüS 2019, 11
74 Klauß 2017, 17
75 vgl. Wingenfeld et al. 2011, 168

erreichen.[76] Dem gegenüber geht es in der Eingliederungshilfe nicht nur um die *Weiterentwicklung von alltagsbezogenen Kompetenzen*, sondern auch um die *Persönlichkeitsentwicklung*, z. B. das Gewinnen einer eigenen Identität, die Steigerung des Selbstwertgefühls und die Entwicklung der Fähigkeit zu selbstbestimmtem Handeln.

Die Ausführungen zu den inhaltlichen Schwerpunkten des NBA lassen erkennen, dass Bildung als lebenslanger, heilpädagogisch bzw. andragogisch unterstützter Prozess nicht zum Auftrag der Pflege gehört. Darum müssen Bildung und Pflege in der Assistenz bei Menschen mit kognitiven Beeinträchtigungen und hohem Unterstützungs- und Pflegebedarf integriert zusammenwirken. Durch die *Integration pädagogischer Handlungsansätze in Pflegeprozesse* können – den Zielen der Eingliederungshilfe entsprechend – Voraussetzungen für selbstbestimmte Teilhabe geschaffen werden, z. B. durch Angebote der Wahrnehmung mit allen Sinnen, der Kommunikation, der Mobilität und der Förderung der Selbstständigkeit.

Die Realisierung von Teilhabe fördernden Situationen ist in starkem Maß von den jeweils gegebenen *Rahmenbedingungen* abhängig, von strukturellen und situativen Bedingungen, von der konzeptionellen Ausrichtung des jeweiligen Unterstützungssettings, den Haltungen und Einstellungen der Mitarbeitenden und ihrer Qualifikation. Bei der Pflege und Unterstützung von Menschen mit komplexen Beeinträchtigungen sind die pädagogische/andragogische Qualifikation der Mitarbeitenden und die gesundheitsbezogenen Kompetenzen von Pflegefachkräften gleichermaßen bedeutsam. Unter der Perspektive einer gemeinsamen teilhabe-orientierten Zielsetzung können beide voneinander lernen. Es ist nicht hinnehmbar, wenn bei Menschen mit komplexem Unterstützungsbedarf Assistenzleistungen mit pflegerischem Charakter primär von Nichtfachkräften durchgeführt werden.[77]

Teilhabe am allgemeinen Leben

Bei der Begutachtung der Pflegebedürftigkeit werden mit Blick auf den individuellen Versorgungs- und Pflegeplan auch Beeinträchtigungen der Selbstständigkeit und der Fähigkeiten bei *außerhäuslichen Aktivitäten* thematisiert (§ 18 Abs. 5a SGB XI). Hier werden u. a. die Teilnahme an kulturellen, religiösen oder sportlichen Veranstaltungen und der Besuch einer Werkstatt für behinderte Menschen oder eines Tagesbetreuungsangebotes sowie die Teilnahme an sonstigen Aktivitäten mit anderen Menschen genannt, z. B. Besuche bei Freunden und Bekannten oder Freizeitaktivitäten. Für die Planung von Hilfen in diesem Bereich wird empfohlen abzuklären, inwieweit die Person Wissen über entsprechende Möglichkeiten hat und ob sie motiviert ist, daran teilzunehmen.[78] Damit wird der edukative und motivierende Charakter der Maßnahmen betont.

---

76 vgl. Gesetzesbegründung zum Gesetzentwurf der Bundesregierung zum PSG II (BT-DRs. 18/5926, 110)
77 wie z. B. im Rahmenvertrag nach § 131 SGB IX Nordrhein-Westfalen vorgesehen; Stand 23.07.2019.
78 vgl. Wingenfeld 2011, 99

Hier gibt es zweifellos Überschneidungen zur pädagogischen/andragogischen Arbeit im Rahmen der Eingliederungshilfe, aber auch deutliche Unterschiede in der Ausgestaltung. Insbesondere geht es im Zeichen von Inklusion nicht allein um die Unterstützung bzw. Begleitung des Einzelnen bei Außenaktivitäten, sondern auch um *sozialraumorientiertes Arbeiten*, um das Brückenbauen in die Gemeinde, damit die soziale Einbindung von Menschen mit komplexem Unterstützungsbedarf gelingt.[79]

4.2 Rechtliche Aspekte

Bei der Beschreibung der Zielgruppen der Leistungssysteme SGB IX und SGB XI sowie der Zielsetzung und Reichweite der Leistungen wurden bereits relevante gesetzliche Grundlagen dargestellt. Im Folgenden stehen Gesetzespassagen an der *Schnittstelle von Eingliederungshilfe und Pflegeversicherung* im Vordergrund, die für Menschen mit kognitiven Beeinträchtigungen und komplexem Unterstützungsbedarf Einschränkungen der Teilhabe zur Folge haben können.[80][81]

§ 103 SGB IX: Regelungen für Menschen mit Behinderungen und Pflegebedarf

Abs. 1 Satz 1: In Eingliederungshilfe-Einrichtungen umfasst die Eingliederungshilfe-Leistung auch die Pflegeleistungen. ▶Problem: Die Pflegeleistungen werden von der Pflegeversicherung nur durch einen Pauschalbetrag in Höhe von max. 266 Euro abgegolten (§ 43a SGB XI i. V. mit § 71 Abs. 4 Nr. 3 SGB XI). Diese Regelung wird dem umfassenden Pflegebedarf vieler Menschen mit komplexen Beeinträchtigungen nicht gerecht und widerspricht ihrem Anspruch als Beitragszahlende der Pflegeversicherung auf volle Leistungen.

Abs. 1 Satz 2: Wenn die Einrichtung die erforderliche Pflege nicht mehr sicherstellen kann, vereinbaren der Eingliederungshilfe-Träger und die zuständige Pflegekasse mit dem Leistungserbringer, dass die Leistung bei einem anderen Leistungserbringer erbracht wird; angemessenen Wünsche des Menschen mit Behinderung seien zu berücksichtigen. ▶Problem: Die Praxis zeigt, dass Menschen mit komplexem Unterstützungsbedarf bei zunehmender Pflegebedürftigkeit aus Kostengründen der Wechsel in eine SGB XI-Einrichtung droht.

---

79 ausführlich: Kap. 6 (Teilhabe im Sozialraum) dieser Standards
80 vgl. Rasch 2019
81 Abgrenzungsfragen zwischen Leistungen zur sozialen Teilhabe und der Hilfe zur Pflege (SGB XII) sowie den Leistungen der Krankenversicherung (SGB V), z. B. bei der medizinischen Behandlungspflege und der Palliativpflege, bleiben hier unberücksichtigt.

§ 13 SGB XI: Verhältnis der Leistungen der Pflegeversicherung zu anderen Sozialleistungen

Abs. 3 Satz 3: Die Leistungen der Eingliederungshilfe für Menschen mit Behinderungen »sind im Verhältnis zur Pflegeversicherung gleichrangig; die notwendige Hilfe in den Einrichtungen nach § 71 Abs. 4 ist einschließlich der Pflegeleistungen zu gewähren«. ▶*Problem*: Die gleichrangige Inanspruchnahme beider Leistungen wird nur im häuslichen Bereich voll realisiert. Für Pflegeleistungen in Einrichtungen der Eingliederungshilfe gewährleistet die Pflegeversicherung lediglich einen Pauschalbetrag, der intensiveren Pflegeleistungen bei Menschen mit komplexem Unterstützungsbedarf in keiner Weise Rechnung trägt.

§ 36 SGB XI: Pflegerische Betreuungsmaßnahmen im häuslichen Umfeld

Abs. 2 Satz 3: Pflegerische Betreuungsmaßnahmen umfassen Unterstützungsleistungen zur Bewältigung und Gestaltung des alltäglichen Lebens im häuslichen Umfeld, insbesondere bei psychosozialen Problemlagen oder bei Gefährdungen, bei der Orientierung, der Tagesstrukturierung, der Kommunikation und der Aufrechterhaltung sozialer Kontakte (z. B. durch Spaziergänge in der Umgebung oder Besuche von Verwandten/Bekannten) sowie bei bedürfnisgerechten Beschäftigungen im Alltag und zur kognitiven Aktivierung. ▶*Problem*: Die Aufgabenfelder überschneiden sich in Teilbereichen mit den Assistenzleistungen der Eingliederungshilfe.[82] Trotz der inhaltlichen Nähe können die pflegerischen Betreuungsmaßnahmen wegen der unterschiedlichen Zielsetzung Eingliederungshilfe-Leistungen nicht ersetzen. Bei fehlender Leistungsidentität sind beide Leistungsarten gleichrangig nebeneinander zu gewähren.[83] Die Gestaltung des Zusammenwirkens beider Leistungen orientiert sich an den Bedürfnissen und Wünschen der leistungsberechtigten Person sowie an den menschenrechtlich basierten Vorgaben der UN-BRK.

§ 43a SGB XI (i. V. mit § 71 Abs. 4 Nr. 3 SGB XI): Inhalt der Leistungen

Satz 1 u. 2: Für Menschen mit Behinderungen der Pflegegrade 2 bis 5 in Eingliederungshilfe-Einrichtungen übernimmt die Pflegekasse zur Abgeltung der Pflegeleistungen max. 266 Euro/Monat. ▶*Problem*: Die pauschale Abgeltung widerspricht dem Anspruch auf Leistungen der Pflegeversicherung, den Menschen mit Behinderung entsprechend ihrem festgestellten Pflegegrad als Beitragszahler*innen haben.

---

82 ausführlich s. Kap. 3 (Teilhabe und Assistenz) dieser Standards
83 vgl. Schindler 2018

§ 71 SGB XI: Pflege in Einrichtungen der Eingliederungshilfe

Abs. 5 Satz 1: Der Spitzenverband Bund der Pflegekassen hat inzwischen Richtlinien zur Einordnung von Wohnformen als »Räumlichkeiten i. S. d. § 71 Abs. 4 Nr. 3 SGB XI« mit pauschaler Abgeltung von Pflegeleistungen vorgelegt. Maßgeblich sind drei Kriterien: a) Leistungen der Eingliederungshilfe stehen im Vordergrund, b) das Wohn- und Betreuungsvertragsgesetz findet Anwendung, c) der Leistungsumfang entspricht regelmäßig »weitgehend der Versorgung in einer vollstationären Einrichtung«.[84] ▶*Problem*: Zwar wird eine pauschale Abgeltung von Pflegeleistungen nicht auf Wohnformen angewandt, die zum Stichtag 31.12.2019 als ambulant unterstützte Wohngemeinschaften geführt werden. Jedoch sind die genannten Kriterien für künftige Wohnformen in einer »Gesamtbetrachtung« zu prüfen. Somit bleibt die Gefahr, dass Eingliederungshilfe-Leistungen und Leistungen der Pflegeversicherung für kleinere Wohngemeinschaften nicht mehr gleichrangig nebeneinander in Anspruch genommen werden können. Eine Reduzierung von Leistungen der Pflegeversicherung würde den Aufbau und die Existenz von kleineren Wohngemeinschaften insbesondere bei komplexem Unterstützungsbedarf erheblich gefährden.

§ 37 Abs. 1 SGB V: Häusliche Krankenpflege (Behandlungspflege)

Menschen mit Behinderung, die ihre Assistenz in eigenem Wohnraum erhalten, erhalten vollen Anspruch auf Leistungen der häuslichen Krankenpflege nach ärztlicher Verordnung. ▶*Problem*: Spezifische Anforderungen an Pflegedienste; Kooperation mit Assistenzdiensten.

Für stationäre Einrichtungen der Behindertenhilfe und künftige »gemeinschaftliche Wohnformen« gilt eine Unterscheidung zwischen »*einfachsten*« und »*qualifizierten*« *Maßnahmen der Behandlungspflege.*[85] Maßnahmen der einfachsten Behandlungspflege (z. B. Medikamentenvergabe, Blutdruckmessen) bleiben Leistungen der Behindertenhilfe, darüber hinausgehende Leistungen sind verordnungsfähig als Kassenleistungen. Die Differenzierung entsprechender Leistungen ist in Verträgen zwischen dem Träger der Eingliederungshilfe und den Krankenkassen und schließlich in den landesrahmenrechtlichen Verträgen zu regeln.[86] ▶*Problem*: Verantwortlichkeit qualifizierter Pflegekräfte, Geltung von Pflegestandards, Kooperation von Assistenz- und Pflegediensten.

---

84 Zur Diskussion um die Richtlinien vgl. die Stellungnahme der Fachverbände vom 7.6.19 (Die Fachverbände 2019). Die inzwischen verabschiedete Endfassung der GKV-Richtlinien vom 18.12.19 hat den Entwurf dahingehend entschärft, dass für bestehende Wohnformen die bisherigen Regelungen weiter angewandt werden sollen, vgl. GKV (2019).
85 mit BSG-Urteil vom 25. Februar 2015, den Richtlinien der des gemeinsamen Bundesausschusses vom 30.11.2018 sowie dem Pflegestärkungsgesetz zum 1.1.2017 (zu § 37 Abs. 1 SGB V, Satz 8)
86 z. B. »Liste einfachste Maßnahmen der Behandlungspflege« im Rahmenvertrag nach § 131 SGB IX Nordrhein-Westfalen (LWL 2019).

4.3 Fachliche Standards

Die fachlichen Standards zeigen exemplarisch Essentials in der Arbeit mit Menschen mit komplexem Unterstützungsbedarf an der Schnittstelle zwischen Eingliederungshilfe und Pflege. Sie sind den Leitideen Inklusion und Teilhabe verpflichtet, unter expliziter Berücksichtigung des körperlichen Wohlbefindens.

Anspruch auf Leistungen

- Das Recht auf Teilhabe am Leben in der Gesellschaft hat Priorität. Es gilt für alle Menschen, unabhängig von Art und Ausmaß der Beeinträchtigungen.
- Der komplexe Unterstützungsbedarf erfordert Leistungen von Eingliederungshilfe und Pflegeversicherung. Die leistungsrechtliche Trennung beider Systeme darf kein Hindernis bei der Realisierung der Teilhabe im Sinne von ICF und UN-BRK sein.
- Menschen mit komplexem Unterstützungsbedarf sollen – unabhängig von der jeweils gewählten Wohnform – den ihnen als Versicherungsnehmer*innen zustehenden, dem jeweiligen Pflegegrad entsprechenden Betrag der Pflegeversicherung erhalten.

Wohnen nach eigenen Vorstellungen

- Oberste Prämisse ist, dass Menschen mit Behinderung unabhängig vom Alter und von Art, Umfang und Intensität des Unterstützungs- und Pflegebedarfs – solange es möglich und gewünscht ist – in ihrem gewohnten Wohnumfeld verbleiben können und die Hilfen dort bekommen, wo sie leben.
- Eine fiskalisch begründete Zuweisung auf Pflegeeinrichtungen mit Versorgungsvertrag nach § 72 SGB XI steht in Widerspruch zu dem in der UN-BRK verbrieften Recht auf Wahl des Wohnorts und der Wohnform. Allgemeine Pflegeheime sind fachlich, konzeptionell, personell und materiell nicht auf die spezifischen Bedarfslagen von Menschen mit Behinderung eingestellt. Auch sog. Fachpflegeheime für Menschen mit Behinderung sind keine Alternative, da zusätzliche »Teilhabepauschalen« der Sozialhilfeträger rechtlich nicht abgesichert sind und – je nach Kassenlage – gewährt oder vorenthalten werden können. Der Vorrang der Teilhabe ist nicht gewährleistet.

Gestaltung der Lebensbedingungen

- Die Lebensbedingungen von Menschen mit kognitiven Beeinträchtigungen und komplexem Unterstützungsbedarf sind so zu gestalten, dass sie den individuellen Bedürfnissen entsprechen und ein Höchstmaß an Entwicklungs- und Teilhabechancen bieten.

- Personzentrierte Settings, die Leistungen der Eingliederungshilfe und der Pflegeversicherung kombinieren, ermöglichen individuell passende Unterstützung, Begleitung und Pflege. Sie sind den Zielperspektiven der Lebensqualität[87], des inklusiven Gemeinwesens und eines Lebens in Nachbarschaften verpflichtet.
- Bei der Gestaltung der Unterstützungsleistungen ist die pädagogisch/andragogische Kompetenz in Kooperation mit pflegerisch qualifiziertem Personal sichergestellt. Wegen der spezifischen Anforderungen bei komplexem Unterstützungsbedarf ist zur Sicherung der Qualität der Leistungen auf eine personale Konstanz zu achten. Diese Voraussetzung ist am ehesten in integrierten Settings gegeben, in denen Fachkräfte der Eingliederungshilfe und der Pflege fachübergreifend in einem Dienst zusammenarbeiten und situationsbezogen jeweils auch Aufgaben der anderen Profession übernehmen. Andere Formen der Zusammenarbeit können über einen eigenen Pflegedienst des Anbieters der Behindertenhilfe oder in Kooperation mit einem externen Pflegedienst realisiert werden. Wichtig ist, dass das Personal beider Disziplinen gleichermaßen über Wissen und Kompetenzen hinsichtlich Pflege, Behinderung und Teilhabe verfügt.

Kooperation der Fachkräfte von Eingliederungshilfe und Pflege

- Beide Disziplinen tragen gemeinsam zur Verwirklichung von Teilhabe und weitgehender Selbstbestimmung bei.
- Perspektivisch sind Konzepte und Unterstützungsstrukturen zu entwickeln, die – unter einer teilhabebezogenen gemeinsamen Zielsetzung – die Leistungen von Eingliederungshilfe und Pflegeversicherung integrieren und die fachlichen Aufgaben im Zeichen der UN-Behindertenrechtskonvention spezifizieren.
- Beispielhaft sei an dieser Stelle auf inklusive Wohnprojekte in unterschiedlichen Bundesländern hingewiesen, die die vom BTHG intendierte Personorientierung auch für Menschen mit komplexem Unterstützungsbedarf durch unterschiedliche Formen der Kombination von Leistungen der Eingliederungshilfe und der Pflegeversicherung in ambulanten Settings realisieren.[88]

Pädagogische bzw. andragogische Aufgaben

- Die Realisierung von Teilhabe von Menschen mit komplexem Unterstützungsbedarf basiert auf der Erkundung und Beantwortung von individuellen Teilhabeimpulsen durch Bezugspersonen und Umwelt.
- Wesentliche Kennzeichen der Arbeit mit dem Personenkreis sind der ganzheitliche Blick unter Einbeziehung des gesamten Lebenshintergrunds (Biogra-

---

87 ausführliche Darstellung des Konzepts Lebensqualität in Kap. 8 (Zielperspektive Lebensqualität) dieser Standards
88 vgl. Urban 2010; Dieckmann et al. 2012, 2016; Kabsch 2019

fie) und der Aufbau einer dialogischen Beziehung als Basis für das Erkennen und Verstehen der individuellen Bedürfnisse. Die Ethik der Achtsamkeit gibt Impulse für die Gestaltung einer gelingenden Interaktion durch achtsame Zuwendung.[89]

- Einen zentralen Stellenwert hat die Ermöglichung der persönlichen Entwicklung, z. B. die Erweiterung der Kompetenzen, die Stärkung der Identität und Ermöglichung von Selbstbestimmung durch Empowerment. Die Eingliederungshilfe erfüllt diesen Anspruch, insbesondere mit pädagogischen Fachkräften: Entwicklung anregende und Autonomie fördernde Handlungsansätze sind in den Alltag integriert.[90] Die Einbeziehung pädagogischer/andragogischer Handlungsansätze in alltägliche Pflegeprozesse eröffnet Chancen für vermehrte Teilhabe, z. B. in den Bereichen Wahrnehmung, Kommunikation, Mobilität und Selbstständigkeit.
- Zu den zentralen Aufgaben der Fachkräfte in der Eingliederungshilfe im Zeichen von Inklusion und Partizipation (Teilhabe) gehört das Brückenbauen in die Gemeinde durch fallspezifische, fallübergreifende und fallunspezifische Arbeit.[91]

Quartiersbezug

- Gute Voraussetzungen für gelingende Teilhabe bieten quartiersbezogene Ansätze, die die Teilhabe von pflegebedürftigen Menschen und Menschen mit Behinderung strukturell und konzeptionell fördern. Die Strukturveränderungen haben die inklusive und partizipative Gestaltung sozialer Nahräume zum Ziel. Für das Feld der Behindertenhilfe liegen Vorschläge zur Gestaltung inklusiver Gemeinwesen vor.[92] Welche Aufgaben die Kommunen zur Förderung quartiersbezogener Prozesse haben, ist im Siebten Altenbericht der Bundesregierung ausführlich beschrieben.[93]
- Durch Kooperation und Vernetzung der Behindertenhilfe mit anderen sozialen Organisationen werden quartiersbezogene Dienstleistungen zielgruppen- und systemübergreifend ausgerichtet. Synergieeffekte können für Menschen mit komplexem Unterstützungsbedarf neue Optionen der Teilhabe erschließen.
- Mit Blick auf Menschen mit spezifischem Unterstützungsbedarf (z. B. wegen psychischer Erkrankung oder herausfordernder Verhaltensweisen) sind im Rahmen der kommunalen Teilhabeplanung regionale multiprofessionelle Unterstützungsstrukturen für die Betroffenen und die sie begleitenden Fachkräfte aufzubauen. Wichtige Elemente sind beratende und therapeutische Dienste, die Einbindung bestehender medizinischer, vor allem psychiatrischer, neurologischer und psychotherapeutischer Dienste, die Qualifizierung der

---

89 vgl. Conradi 2012
90 ausführlich s. Kap. 3 (Teilhabe und Assistenz) dieser Standards
91 ausführlich s. Kap. 6 (Teilhabe im Sozialraum) dieser Standards
92 vgl. Rohrmann et al. 2014
93 vgl. BMFSFJ 2016

Mitarbeitenden in allgemein zugänglichen gesundheitsbezogenen Diensten für den Umgang mit Menschen mit kognitiven Beeinträchtigungen sowie die Einrichtung von Krisendiensten.

Literatur

Bundesarbeitsgemeinschaft der überörtlichen Träger der Sozialhilfe (BAGüS) (Hrsg.) (2019): Orientierungshilfe zu den Leistungen der Sozialen Teilhabe in der Eingliederungshilfe. §§ 76ff. i.V.m. 113ff. SGB IX. Münster. Online verfügbar unter: https://www.lwl.org/spur-download/bag/BAGueS_Orientierungshilfe_Leistungen_Sozialen_Teilhabe.pdf, Zugriff am 07.07.2019.

Bundesministerium für Familie, Senioren Frauen und Jugend (BMFSFJ) (Hrsg.) (2016): Siebter Bericht zur Lage der älteren Generation in der Bundesrepublik Deutschland. Sorge und Mitverantwortung in der Kommune – Aufbau und Sicherung zukunftsfähiger Gemeinschaften. Berlin: BMFSJ. Online verfügbar unter: https://www.siebter-altenbericht.de/fileadmin/altenbericht/pdf/Der_Siebte_Altenbericht.pdf, Zugriff am 07.07.2020.

Conradi, E. (2012): Selbstbestimmung durch Achtsamkeit. In: V. Moser & D. Horster (Hrsg.): Ethik der Behindertenpädagogik. Menschenrechte, Menschenwürde, Behinderung. Eine Grundlegung). Stuttgart: Kohlhammer, S. 167–183.

Deutsches Institut für medizinische Dokumentation und Information (DIMDI) (Hrsg.) (2005): Internationale Klassifikation der Funktionsfähigkeit, Behinderung und Gesundheit (ICF). Genf: World Health Organization. Online verfügbar unter: https://www.dimdi.de/dynamic/de/klassifikationen/icf/, Zugriff am 28.06.2020.

Dieckmann, F.; Weweler, L. & Wenzel, S. (2016): Ambulant unterstütztes Wohnen bei hohem Unterstützungsbedarf. Organisation und Teilhabe in zwei innovativen Wohnsettings. In: Teilhabe, 55 (2), S. 62–70.

Die Fachverbände für Menschen mit Behinderung (2019): Stellungnahme der Fachverbände für Menschen mit Behinderung zu den Richtlinien des GKV-Spitzenverbandes nach § 71 Abs. 5 Satz 1 SGB XI zum Vorliegen von Räumlichkeiten i. S. d. § 71 Abs. 4 Nr. 3 SGB XI. Online verfügbar unter: https://www.diefachverbaende.de/files/stellungnahmen/2019-06-07-Stellungnahme%20zu%20den%20Richtlinien%20des%20GKV-Spitzenverbandes%20nach%20§%2071%20Absatz%205%20SGB.pdf, Zugriff am 28.06.2020.

GKV-Spitzenverband (2019): Richtlinien des GKV-Spitzenverbandes nach § 71 Abs. 5 Satz 1 SGB XI1 zur näheren Abgrenzung der in § 71 Abs. 4 Nr. 3 Buchstabe c SGB XI genannten Merkmale. Online verfügbar unter: https://www.gkv-spitzenverband.de/media/dokumente/pflegeversicherung/richtlinien__vereinbarungen__formulare/rahmenvertraege__richlinien_und_bundesempfehlungen/2019_12_18_Richtlinien_71_Abs._5_Genehmigung.pdf, Zugriff am 28.06.2020.

Kabsch, J. (2019): Das Projekt »Lebens_Alter«. Menschen mit kognitiver Beeinträchtigung im Alter an der Schnittstelle zwischen Eingliederungshilfe und Pflege. In: Teilhabe, 58 (1), 24–30.

Klauß, T. (2017): Pflege und Eingliederungshilfe. Macht der neue Pflegebedürftigkeitsbegriff Teilhabeleistungen überflüssig, was umfasst das Recht auf Teilhabe? Workshop »Was ist Teilhabe?« Zur Profilierung von Teilhabeleistungen in Abgrenzung zur Pflege. Fachtagung der Bundesvereinigung Lebenshilfe, 21.-22.09.2017 in Marburg; https://www.inform-lebenshilfe.de/media-inform/docs/inform/Dokumentationen/170639/13-WS-Handout-Klauss-Pflege-Eingliederungshilfe.pdf, Zugriff 28.06.2020.

Landschaftsverband Westfalen-Lippe (LWL) (2019): Rahmenvertrag nach § 131 SGB IX Nordrhein-Westfalen, Stand: 23.07.2019, Anlage G: Liste einfachste Maßnahmen der Behandlungspflege. Online verfügbar unter: https://www.lwl.org/spur-download/rahmenvertrag/Anlage_G_00_Liste_einfachste_Ma%c3%9fnahmen_Behandlungspflege_1900703.pdf, Zugriff am 28.06.2020.

Rasch, E. (2019): Personenorientierung statt Gesetzeszentrierung: zum Verhältnis von Leistungen der Eingliederungshilfe zu Leistungen der Pflege. In: ARCHIV für Wissenschaft und Praxis der sozialen Arbeit, 50 (1), S. 82–91.

Rohrmann, A.; Schädler, J.; Kempf, M.; Konieczny, E. & Windisch, M. (2014): Inklusive Gemeinwesen planen. Eine Arbeitshilfe. Herausgegeben vom Ministerium für Arbeit, Integration und Soziales des Landes Nordrhein-Westfalen. Düsseldorf.

Schalock, R.L.; Gardner, J.F. & Bradley, V.J. (2007): Quality of Life for people with intellectual und other developmental disabilities. Applications across individuals, organizations, communities and systems. Washington DC: American association on intellectual and developmental disabilities.

Schindler, G. (2018): Teilhabe oder Pflege? Die Schnittstelle zwischen den Leistungen der Pflegeversicherung und der Eingliederungshilfe als Praxisherausforderung. In: Sozialrecht aktuell, 22 (4), S. 137–143.

Urban, W. (2010): Selbstbestimmte Wohnformen für alle Menschen mit (geistiger) Behinderung. In: Teilhabe, 49 (1), S. 26–37.

Wingenfeld, K.; Büscher, A. & Gansweid, B. (2011): Das neue Begutachtungsassessment zur Feststellung von Pflegebedürftigkeit. Hrsg.: GKV-Spitzenverband. Berlin. Online verfügbar unter http://www.gkv-spitzenverband.de/media/dokumente/pflegeversicherung/pflegebeduerftigkeitbegriff/GKV-Schriftenreihe_Pflege_Band_2.pdf, Zugriff am 28.06.2020.

5 Individuelle Teilhabeplanung und Teilhabemanagement

Der Standard »Individuelle Teilhabeplanung und Teilhabemanagement« gibt Orientierung darüber, wie die Planung der individuellen Teilhabe und die Umsetzung dieser Planung (Teilhabemanagement) aus fachlicher Sicht gestaltet werden soll. Zentrales Bewertungskriterium ist die vom Gesetzgeber gewollte stärkere *Personenzentrierung der Unterstützung*, d. h., dass die Interessen, Wünsche und Bedürfnisse des Menschen mit Behinderung im Mittelpunkt stehen.

Der Standard soll insbesondere helfen, die Teilhabewünsche und Teilhabeziele von Menschen mit Behinderung, die sich nicht sprachlich oder quasi-sprachlich mitteilen können, zu ermitteln bzw. sie dabei unterstützen, solche zu entwickeln. Gleichzeitig geht es darum, förderliche und hinderliche Bedingungen für die Realisierung der Teilhabeziele zu identifizieren und die konkrete Teilhabe und Unterstützung im Alltag partizipativ zu planen und umzusetzen.

Es kann erforderlich sein, die Individuelle Teilhabeplanung zielgruppenspezifisch durch weitere Analysen und Handlungskonzepte zu ergänzen.[94] Hinsichtlich Menschen mit Behinderung und herausfordernden Verhaltensweisen ist es aus Menschenrechtsperspektive, aber auch unter einem systemischen Blick nicht zu vertreten, die Individuelle Teilhabeplanung und das Teilhabemanagement auf das herausfordernde Verhalten zu verengen. Wird die Breite der Bedürfnisse und Kompetenzen einer Person wahrgenommen und berücksichtigt, ist es einfacher, sie bei der Entwicklung alternativer Verhaltensweisen zu unterstützen (z. B. durch die positive Verhaltensunterstützung).

5.1 Fachliche Herausforderungen

Hilfeplanung hat in der Behindertenhilfe noch keine lange Tradition, im Gegensatz z. B. zur Kinder- und Jugendhilfe. Im Zuge neuer Leitbegriffe wie Selbstbestimmung, Hilfe nach Maß, Personenzentrierung, Assistenz und Assistenzplanung[95] und der Einführung von Leistungsvereinbarungen im Rahmen von § 93 Bundessozialhilfegesetz gewann das Thema Hilfeplanung zunehmend an Bedeu-

---

[94] vgl. u. a. Heijkoop 2008, Escalera 2001, Dieckmann et al. 2007, Theunissen 2009, Domenig & Schäfer 2018, Sappok 2019
[95] vgl. DHG 2000; DHG 2001

tung. Mit dem Bundesteilhabegesetz (BTHG) wurde das *Teilhabe- und Gesamtplanverfahren* zur Ermittlung individueller Bedarfe und zur Bemessung von Leistungen zwar bundesweit standardisiert, durch den Einsatz unterschiedlicher Instrumente in den einzelnen Bundesländern ist jedoch ein Flickenteppich unterschiedlicher Gestaltungspraxen entstanden.

Auch Menschen mit komplexem Unterstützungsbedarf müssen sich auf das Teilhabe- bzw. Gesamtplanverfahren, das vom Leistungsträger durchgeführt wird, vorbereiten und sollen dabei durch Leistungen der *persönlichen Lebensplanung* und durch eine *Teilhabeberatung* unterstützt werden. Darüber hinaus gilt es, auf der Basis der Ergebnisse des Teilhabe- und Gesamtplanverfahrens die *Teilhabeziele* im Alltag zu konkretisieren und die *Unterstützung der Teilhabe* zu planen.

Diese vier Elemente ergänzen sich zu einem Prozess der individuellen Teilhabeplanung und des Teilhabemanagements. Die Erhebung von Wünschen, Bedürfnissen und Teilhabezielen soll bei diesem Personenkreis mindestens einmal jährlich evaluiert und modifiziert werden, was gegebenenfalls Auswirkungen auf den Gesamtplan, sicher aber auch auf die Planung von Teilhabe und deren Unterstützung im Alltag hat (Teilhabemanagement).

Persönliche Lebensplanung

Die persönliche Lebensplanung kann durch passende Verfahren wie z. B. die *Persönliche Zukunftsplanung (PZP)*[96] oder die *Individuelle Lebensstilplanung (ILP)*[97] unterstützt werden und wird als Assistenzleistung in § 78 SGB IX beschrieben. Sie dient auch zur Vorbereitung für die Teilhabe- und Gesamtplanung. Die Teilhabe- und Unterstützungsplanung im Alltag muss an eine längerfristige persönliche Zukunftsplanung anknüpfen, sonst bleibt letztere bedeutungslos für die individuelle Lebensgestaltung.

Professionelle Teilhabeberatung

Insbesondere im Vorfeld und während der Teilhabe- und Gesamtplanung sind *institutionalisierte Beratungsstrukturen* einzubeziehen, die unabhängig von einem bestimmten Anbieter arbeiten, leistungsrechtlich versiert sind, über das pädagogisch-fachliche Know-how verfügen und personenorientiert beraten. Die Einbeziehung von *Peerberatung* kann oftmals neue Perspektiven eröffnen und motivieren. Peerberater*innen können neben Menschen mit Behinderung auch Angehörige sein. Letztere sind insbesondere hilfreich für Familienmitglieder, die als rechtliche Betreuer*innen fungieren. Die Teilhabeberatung muss in jedem Fall über um-

---

96 vgl. Doose 2011
97 vgl. Assmann 2011

fangreiches Wissen über Angebote in der Region verfügen und diesbezüglich vernetzt sein. Beratungsstrukturen wären z. B. Teilhabe- und Pflegeberatungsstellen oder die Ergänzende unabhängige Teilhabeberatung (EUTB), die in der Regel Peerberatung anbietet.

Aufstellung des Gesamtplans

Im Rahmen des Bedarfsfeststellungsverfahrens, das vom Leistungsträger für das Gesamtplanverfahren etabliert wird, werden Teilhabeziele formuliert und sozialrechtliche Leistungen bemessen. Verwaltungsrechtlich sind der Antrag auf Leistungen sowie der darauf antwortende Bescheid über Leistungen von zentraler Bedeutung. Die Antragstellung sollte bei Menschen mit komplexem Unterstützungsbedarf nicht ohne kundige Beratung erfolgen. Die *Bedarfsfeststellungsverfahren* sind von Bundesland zu Bundesland unterschiedlich gestaltet, weshalb in diesem Standard auch keine konkreten Bezüge zu einem bestimmten Verfahren hergestellt werden.

Aus fachlicher Sicht haben diese Verfahren den *Qualitätskriterien* zu genügen, die Engel und Beck[98] auf der Basis des BTHG formuliert haben. So muss das Bedarfsfeststellungsverfahren für alle Personengruppen angewendet werden können (Anforderung 1), wobei die Partizipation der leistungsberechtigten Person immer zu gewährleisten ist (Anforderung 3). Auch für Personen mit eingeschränkten kommunikativen Möglichkeiten muss ein Zugang zur Partizipation gefunden werden (Anforderung 2). Zudem ist grundsätzlich davon auszugehen, dass die formalen Bedarfsfeststellungsverfahren, wie sie von den Leistungsträgern der Eingliederungshilfe etabliert werden, sowohl vom zeitlich vorgesehenem Umfang als auch von den vorgesehenen Erhebungsmethoden (vor allem Interviews) allein nicht in der Lage sind, Teilhabeziele und Unterstützungsbedarfe zu entwickeln und zu formulieren. Die *Ermittlung individueller Teilhabeinteressen und Realisierungsmöglichkeiten* ist bei Menschen mit kognitiven Beeinträchtigungen und komplexem Unterstützungsbedarf zeitlich und methodisch aufwändiger und muss dem formalen Verfahren in der Regel vorgeschaltet sein. Dieser Prozess kann im Rahmen einer unabhängigen Beratung erfolgen und/oder als eigenständige Teilhabeleistung (Leistung zur persönlichen Lebensplanung nach § 78 SGB IX).

Teilhabemanagement
bei den Leistungserbringern der Eingliederungshilfe

Unter Teilhabemanagement wird hier die regelmäßig stattfindende gemeinsame Planung konkreter Teilhabeziele und deren Umsetzung im Alltag verstanden, die zwischen den Mitarbeitenden der Leistungserbringer, der Person mit Beeinträchtigung und anderen, z. B. auch informellen Unterstützer*innen, erfolgt. Bei der *Planung von Teilhabe und Unterstützung* muss deren Umsetzung mitbedacht

---

98 vgl. Engel & Beck 2018

werden. Das betrifft das *Eröffnen von Teilhabegelegenheiten* und die konkrete Umsetzung der Unterstützung im Rahmen eines *Hilfemix*.

Es ist von großer Bedeutung, die Verbindung zwischen den Teilhabezielen und entsprechenden Leistungen im Gesamtplan mit dem Teilhabemanagement bei den Leistungserbringern für alle Beteiligten (Menschen mit Behinderung und deren rechtliche Betreuung bzw. Vertrauenspersonen, Leistungsträger und Leistungserbringer) transparent zu gestalten. Die *Teilhabeziele* sind Ausgangspunkt für die konkrete Gestaltung der individuellen Teilhabe und ihrer Unterstützung im Alltag. Die Lebensführung im Alltag verändert wiederum Teilhabeziele.

Gerade bei Personen, die über zu geringe Regiekompetenzen verfügen, um ihre Interessen wirkungsvoll in jedem Lebensbereich zu vertreten und die häufig (quasi-)sprachlich gar nicht oder nur sehr eingeschränkt kommunizieren, ist im Rahmen des Teilhabemanagements eine *Abstimmung und regelmäßige Kommunikation der beteiligten Unterstützer*innen* über Lebensbereiche hinweg notwendig, um auch angesichts beschränkter Unterstützungsressourcen die individuellen Teilhabeziele und damit einen eigenen Lebensstil zu ermöglichen.

Verortung der Verantwortung und Aufgaben

Im Rahmen des individuellen Teilhabemanagements müssen *Verantwortlichkeiten und Kommunikationserfordernisse* eindeutig und transparent festgelegt werden. Die Verantwortlichkeit für das individuelle Teilhabemanagement soll bei einer Person liegen und kann unterschiedlich verortet werden.

In der Praxis gibt es zum Beispiel für den Bereich »Wohnen und alltägliche Lebensführung« *verschiedene Modelle*:

- Eine sozialraumorientierte Bezugsassistenz, die den Menschen mit Behinderung in seinem Alltag begleitet und beim Leistungserbringer angestellt ist, übt diese Funktion aus.
- Beim Leistungserbringer angesiedeltes Case Management arbeitet als Fachdienst punktuell und verbindlich mit den einzelnen Menschen mit Behinderung und Unterstützer*innen zusammen.
- Zertifizierte Case Manager*innen hingegen bevorzugen ein Leistungserbringer- und Leistungsträger-unabhängiges Case Management.

Die einzelnen Lösungen haben *Vor- und Nachteile*. Auf der einen Seite ist gerade die Nähe zur Lebenswelt und eine persönlichere Beziehung zu dem Menschen mit hohem Unterstützungsbedarf, der sich nicht sprachlich mitteilen kann, eine Qualität, um die Realisierung von Teilhabechancen förderlich zu gestalten. Wenn die Bezugsassistenz diese Verantwortung übernimmt, benötigt sie mehr Handlungsfreiräume und Ressourcen (Stichwort: flachere Hierarchien und Autonomie). Auf der anderen Seite ist eine Bezugsbetreuung mit eigenen Interessen stark involviert in das Alltagsgeschehen, hat eine machtvolle Position gegenüber den Menschen mit Behinderung. Ihr fehlt mitunter die reflektierende Distanz.

Die Rolle des/der Case Manager*in wird häufig auch mit der Rolle der Moderation in der konkreten Teilhabeplanung verbunden.

Um die Umsetzung zu gewährleisten und für Sicherheit, Vertrauen und Orientierung bei der Person mit Unterstützungsbedarf zu sorgen, begleitet das Teilhabemanagement den gesamten Prozess in einem partizipativen und dialogischen Miteinander und vertritt die Interessen der Person mit Unterstützungsbedarf wo nötig. Der/die Teilhabemanager*in kann auch bei der Gesamtplanung als »*Person des Vertrauens*« (§ 117 SGB IX) auftreten, wenn der Mensch mit Unterstützungsbedarf es wünscht. Er/sie wird bei der Fortschreibung des Gesamtplans als Vertretung des Leistungserbringers einbezogen. Die Kommunikation zwischen Leistungsträger und Leistungserbringer gehört zu seinen/ihren Aufgaben. Grundsätzlich besteht die Herausforderung für das Teilhabemanagement darin, sich an den Interessen des Menschen mit Behinderung zu orientieren und für die entsprechende Unterstützung im Alltag zu sorgen und andererseits mit den finanziellen, personellen und organisationalen Barrieren auf Seiten des Leistungserbringers umzugehen. Dabei ist die personale Konstanz auch im professionellen Unterstützungsgeschehen ein entscheidender Faktor. Deutlich wird auch, dass die Etablierung eines personenzentrierten Teilhabemanagements *Veränderungen der Organisationsstrukturen* in Diensten der Behindertenhilfe nach sich ziehen muss.

Qualifikationsmerkmale

Eine weitere Herausforderung stellt das Finden und Qualifizieren einer passenden Person für das Teilhabemanagement für den Menschen mit komplexem Unterstützungsbedarf dar. *Qualifikationsmerkmale* sind:

- Einfühlungsvermögen, Achtung und Wertschätzung als Grundhaltung gegenüber Menschen mit Behinderung und ihren Nächsten;
- der/die Teilhabemanager*in sollte den Menschen gut kennen oder kennenlernen wollen;
- eine vertrauensvolle Beziehung;
- die Fähigkeit, Rollenkonflikte zu analysieren, anzusprechen und dialogisch zu »lösen«;
- Methoden der Unterstützten Kommunikation anwenden können;
- über Kenntnisse zu Methoden der Persönlichen Zukunftsplanung, der Individuellen Lebensstilplanung u. ä. verfügen;
- vertraut sein mit Konzepten und Zielen der Eingliederungshilfe, des Leistungsrechts und mit Teilhabechancen im Sozialraum;
- vorausschauendes Denken, Strukturieren und Planen, Organisieren, Koordinieren und Vernetzen;
- längerfristig in dieser Rolle sein.

5.2 Rechtliche Aspekte

In ihren allgemeinen Grundsätzen fordert die UN-BRK »die *volle und wirksame Teilhabe* an der Gesellschaft und Einbeziehung in die Gesellschaft« (UN-BRK Art. 3a). Zur Umsetzung werden von den Vertragsstaaten »*wirksame und geeignete Maßnahmen*« gefordert, »um Menschen mit Behinderungen den vollen Genuss dieses Rechts und ihre volle Einbeziehung in die Gemeinschaft und Teilhabe an der Gemeinschaft zu erleichtern« (Art. 19 UN-BRK). Dies soll durch »umfassende *Habilitations- und Rehabilitationsdienste und -programme*, insbesondere auf dem Gebiet der Gesundheit, der Beschäftigung, der Bildung und der Sozialdienste« (Art. 26 UN-BRK) geschehen.

Mit diesem Bezug zur UN-BRK gehört die Teilhabe- und Gesamtplanung zu den zentralen Reformen im BTHG. Bei mehreren Leistungsträgern sollen durch eine bessere Koordination und ein *Teilhabeplanverfahren* »Leistungen wie aus einer Hand« erreicht werden (SGB IX Teil 1, Kap. 4, §§ 14-24 SGB IX). Liegt das Teilhabeplanverfahren in Verantwortung des Trägers der Eingliederungshilfe, gilt zusätzlich das *Gesamtplanverfahren* (§ 21 i.V. mit Teil 7, Kap. 4 SGB IX, §§ 117-122 SGB IX). Gesamtplanung ist ein Kernprozess der Eingliederungshilfe zur Feststellung von Unterstützungsbedarfen, um Teilhabe- und insbesondere Assistenzleistungen zur selbstbestimmten Lebensführung für Menschen mit Behinderungen zu erhalten und zu gestalten.

Die *Regelungen zur Gesamtplanung* umfassen das Gesamtplanverfahren (§ 117 SGB IX), Anforderungen an Instrumente der Bedarfsermittlung (§ 118 SGB IX), die Gesamtplankonferenz (§ 119 SGB IX), die Feststellung der Leistungen der Träger der Eingliederungshilfe und die beteiligten Leistungsträger (§ 120 SGB IX) sowie den Gesamtplan (§ 121 SGB IX) und die Teilhabezielvereinbarung (§ 122 SGB IX).

Die konkrete Ausgestaltung und Organisation des Gesamtplanverfahrens einschließlich der Festlegung des jeweiligen Trägers der Eingliederungshilfe und des Instruments zur Bedarfsermittlung ist Gegenstand von *BTHG-Ausführungsgesetzen und Rahmenvereinbarungen in den Bundesländern*.

Besonders relevante Aspekte und Probleme im Prozess der Teilhabe- und Gesamtplanung sind:

- Die *Ergänzende unabhängige Teilhabeberatung* (§ 32 SGB IX) soll als niedrigschwelliges Angebot im Rahmen eines unabhängigen Beratungsprozesses auch »im Vorfeld der Beantragung konkreter Leistungen zur Verfügung« stehen.
- Das Gesamtplanverfahren (§ 121 SGB IX) sieht die Beteiligung des/der Leistungsberechtigten und zu dessen/deren Stärkung eine »*Person seines Vertrauens*« vor, der bei komplexem Unterstützungsbedarf eine wichtige Rolle zukommt. Eine unmittelbare Beteiligung der Leistungserbringer ist nicht vorgesehen.
- Die *persönliche Lebensplanung* (§ 78 SGB IX) ist ausdrücklich als Assistenzleistung angeführt. Entsprechende qualifizierte Assistenzleistungen, auch in erhöhtem Umfang bei komplexem Unterstützungsbedarf, sind hier vom Leistungsträger für eine Teilhabeplanung einzufordern.

- Die Planung für Teilhabeleistungen muss sich richten nach der »*Besonderheit des Einzelfalles*« (§ 104 SGB IX). Eingeschränkt wird dies im Zuge des *Wunsch- und Wahlrechts*, insbesondere durch den Mehrkostenvorbehalt. Der gesetzlich festgelegte *Vorzug von »Wohnen außerhalb von besonderen Wohnformen«* muss genutzt werden, um Wohnwünsche außerhalb von besonderen Wohnformen auch bei komplexem Unterstützungsbedarf zu realisieren.
- Vereinbart in der Gesamtplanung werden mögliche »*pauschale Geldleistungen*« für einzelne Assistenzleistungen sowie die *Zumutbarkeit von »gemeinsamer Inanspruchnahme«*, dem sog. Poolen von Leistungen (§ 116 SGB IX).
- Hinsichtlich der *Bedarfsermittlung* wird im Gesetz lediglich die ICF-Basierung mit den neun Teilhabebereichen geregelt. Das konkrete »Instrument zur Bedarfsermittlung« wird den einzelnen Bundesländern überlassen. Dies hat sich zwischenzeitlich zu einem *Flickenteppich unterschiedlicher Instrumente* in den Bundesländern entwickelt.[99]
- Das Verfahren der Bedarfsermittlung umfasst zunächst nur den Bedarf an Leistungen aus der Eingliederungshilfe. Der *Bedarf an Pflegeleistu*ngen wird hier nicht ermittelt, auch wenn in den meisten Instrumenten Angaben zu bereits festgestellter Pflegebedürftigkeit anzugeben sind. Bei Anhaltspunkten für eine Pflegebedürftigkeit wird die zuständige Pflegekasse mit Zustimmung des/der Leistungsberechtigten vom Träger der Eingliederungshilfe informiert und aufgefordert, am Gesamtplanverfahren beratend teilzunehmen (§ 117 Abs. 3 SGB IX). In der Praxis mündet dies in *vielfache Abgrenzungsfragen*, die einer Klärung in entsprechenden Richtlinien der Leistungsträger der Eingliederungshilfe und der Pflegekassen bedürfen.
- Eine *Gesamtplankonferenz* erfolgt mit Zustimmung der Leistungsberechtigten, kann jedoch vom Leistungsträger abgelehnt werden (§ 119 SGB IX). Neben der Beratung der *Wünsche der Leistungsberechtigte*n und der *beantragten Leistungen* wird auch darüber entschieden, welcher Anteil des Regelsatzes den Leistungsberechtigten als *Barmittel* verbleibt.
- Im Rahmen des »*Sicherstellungsauftrags*« (§ 95 SGB IX) sind die Träger der Eingliederungshilfe verpflichtet, »eine personenzentrierte Leistung für Leistungsberechtigte unabhängig vom Ort der Leistungserbringung sicherzustellen«.
- Der Gesamtplan soll nicht nur zur Steuerung von Teilhabeleistungen, sondern nunmehr auch zur *Wirkungskontrolle* dienen. Dafür sind im jeweiligen Gesamtplan »Verfahren und Instrumente sowie die Maßstäbe und Kriterien der Wirkungskontrolle einschließlich des Überprüfungszeitpunkts« festzulegen.

---

99 zu den einzelnen Instrumenten in den Bundesländern: https://umsetzungsbegleitung-bthg.de/gesetz/umsetzung-laender/

5.3 Fachliche Standards

Zur Gestaltung der Aufstellung des Gesamtplans, des Teilhabemanagements auf Seiten der Leistungserbringer und einer persönlichen Lebensplanung gehören die im Folgenden aufgeführten Grundelemente. Für die Beratung sollte ein eigener Standard entwickelt werden.

Ein partizipatives Vorgehen im gesamten Prozess

Die Person mit komplexem Unterstützungsbedarf wird in die Bedarfsfeststellung, bei der Formulierung des Teilhabeplans und der Konkretisierung der Teilhabeziele und deren Unterstützung im Alltag soweit und so oft wie möglich eingebunden. Wenn sie selbst Fragen beantworten kann, wird sie befragt. Wenn sie sich nicht in Worten äußern kann, wird sie unter dem Aspekt ihrer Wünsche, Interessen und Bedarfe beobachtet und Personen aus ihrem Umfeld werden befragt. Sie ist in jedem Fall beim Gespräch mit Unterstützer*innen anwesend. Auch die Dokumentation und deren Zugänglichkeit sind auf Partizipation ausgelegt. Der gesamte Prozess wird gemeinsam mit der Person mit komplexem Unterstützungsbedarf evaluiert.

Eindeutige und transparente Verantwortlichkeit

In den jeweiligen Verfahren müssen Verantwortlichkeiten und Kommunikationserfordernisse eindeutig und transparent festgelegt werden. Die federführende Verantwortlichkeit muss bei einer Person liegen, die auch Ansprechpartner*in ist.

Mehrperspektivität durch die Einbeziehung verschiedener professioneller und informeller Unterstützung

Wenn Personen aus dem Umfeld der Person befragt werden, sollten die Fragen an möglichst viele und verschiedenartig verbundene Personen gestellt werden. Auch wenn die eigene Perspektive der Person mit komplexem Unterstützungsbedarf nicht direkt erkennbar ist, können die unterschiedlichen Perspektiven zusammen helfen, sich dieser anzunähern. Mögliche zu beteiligende Personen sind alle, die der Person durch das faktische Zusammenleben oder im Rahmen von professionellen und informellen Hilfen beggenen. Dies können z. B. eigene Angehörige wie Eltern und Geschwister sein, aber auch Menschen aus dem Umfeld der Angehörigen, eigene Freund*innen, Bekannte, Mitbewohner*innen, Nachbar*innen, Busfahrer*innen und professionelle Unterstützer*innen des Wohndienstes, aus dem Bereich Arbeit und Beschäftigung, möglicherweise von einem Pflegedienst, Verantwortliche eines Freizeitangebots und Therapeut*innen.

Blick auf alle Aktivitäts- und Lebensbereiche gemäß ICF und auf alle Dimensionen der Lebensqualität

Die Bedarfsfeststellung orientiert sich an den unterschiedlichen Themen gemäß ICF und den Dimensionen von Lebensqualität[100]. Während umfangreiche Fragensammlungen zu den ICF-Aktivitäten oder den verschiedenen Dimensionen von Lebensqualität eingesetzt werden können, ist manchmal auch das Herausgreifen wichtiger Interessen und Stärken anhand weniger offener Impulsfragen[101] ein guter Einstieg. Dabei ist es wichtig, neben den Teilhabebereichen auch das sozial-emotionale Wohlbefinden, das physische Wohlbefinden inklusive der Gesundheitsförderung, niedrigschwellige Begegnungen und Kontakte im Umfeld, Entwicklungsperspektiven, Lebenskrisen und den eigenen Lebensstil einer Person in den Blick zu nehmen.

Erhebung von Wünschen, Interessen und Bedarfen anhand verschiedener Instrumente

Zur Erhebung von Wünschen und Interessen und zur Identifizierung von Ressourcen und Barrieren können verschiedene Assessment-Instrumente eingesetzt werden. Dabei ist es wichtig, dass die Methoden auch für Menschen mit komplexem Unterstützungsbedarf geeignet sind. Beispiele für bereits erprobte Instrumente sind:

Erfassung der Lebensgeschichte, Lebenssituation und zukünftiger Teilhabeziele

- zielgruppenspezifische Fragebögen zur objektiven Lebensqualität[102]
- Anamnesebögen zur Sammlung von biografischen Informationen[103]
- Beobachtungsbögen zu Stimmung, Interessen und Vorlieben[104]
- Teilnehmende Beobachtung[105]
- Analyse sozial-räumlicher Netzwerke[106]
- Informationen von Peers als Ergänzung[107]
- kommunikative Hilfen für Zielfindung[108]
- Instrumente zur Lebensplanung, z. B. »Gut Leben – Persönliche Zukunftsplanung realisieren« der Lebenshilfe[109] oder Individuelle Lebensstilplanung.[110]

---

100 vgl. Schalock & Verdugo 2002; ausführlich s. Kap. 8 (Zielperspektive Lebensqualität) dieser Standards
101 wie z. B. aus dem NRW-Bedarfsermittlungsinstrument (NRW-BEI)
102 z. B. QOL-PMD nach Petry, Maes & Vlaskamp 2008
103 z. B. nach Vlaskamp, van der Meulen & Smrkovsky 1999
104 z. B. MIPQ nach Ross & Oliver 2003
105 siehe z. B. Lüders 2001
106 z. B. ECOmaps nach Budde & Früchtel 2009; Netzwerkkarten nach Seifert 2010c
107 z. B. Ergebnisse von NUEVA-Beobachtungen; s. www.geteq-nueva.de
108 z. B. Talking Mats (Lauer 2018) oder Photovoice (Wang & Burris 1997)

Erfassung von Kompetenzen und Beeinträchtigungen

- allgemeine und zielgruppenspezifische Kompetenzinventare[111]
- Skalen zu adaptivem Verhalten[112]
- Checklisten der kommunikativen Kompetenzen[113]
- allgemeine kommunikative Fähigkeiten[114]
- Zielgruppen und Förderfaktoren für Unterstützte Kommunikation[115]
- Erhebungsbögen zu sozialen und emotionalen Kompetenzen.[116]

Das Gespräch im Kreis von Unterstützer*innen als zentrales Element des Prozesses

In einem Gespräch im Kreis von Unterstützer*innen treffen professionelle und informelle Akteur*innen aus den verschiedenen Lebensbereichen einer Person und die zentrale Person selbst zusammen. Zwar können solche Gespräche auch in einzelnen Lebensbereichen separat organisiert werden, allerdings sprechen die mögliche Mehrperspektivität und auch die effektive Nutzung der meist knappen, individuellen Ressourcen für eine gemeinsame Teilhabeplanung. Grundsätzlich muss natürlich im Einzelfall und anhand der sachlichen Gründe entschieden werden.

Nachdem sich jede der Personen aus dem Umfeld einzeln mit den vorbereitenden Fragen (z. B. im Rahmen eines Beobachtungs- oder Fragebogens) beschäftigt hat, versammeln sich alle Beteiligten gemeinsam mit der Person mit komplexem Unterstützungsbedarf in einem Kreis oder an einem Tisch, um sie bei der Formulierung von Teilhabezielen zu beraten, sie bei der Bedarfsfeststellung zu unterstützen und mit ihr die Organisation der Unterstützung bzw. der Umsetzung dieser auszuhandeln. Dabei wird zunächst mit einer Beschreibung der aktuellen Lebenssituation und Befindlichkeit aus den verschiedenen Perspektiven begonnen. Im nächsten Schritt können dann mögliche Wünsche, Interessen und Bedarfe der Person mit komplexem Unterstützungsbedarf zusammengetragen werden. Dabei muss zwischen den theoretischen Teilhabemöglichkeiten und der tatsächlich realisierten Teilhabe unterschieden werden. Zum Prozess der Teilhabeplanung gehört dann auch die Identifizierung von Barrieren und förderlichen Bedingungen in Bezug auf die Teilhabe. Zum Abschluss wird das zentrale Thema der Teilhabeplanung verknüpft mit konkreten Zielen benannt sowie die Ge-

---

109 Emrich, Gromann & Niehoff 2003
110 nach Assmann 2011 oder Theunissen 2012
111 allgemein: z. B. HKI (Holtz et al. 2005); zielgruppenspezifisch: nach Fröhlich & Haupt 2004 oder nach Vlaskamp, van der Meulen & Smrkovsky 1999
112 Adaptive Behavior Assessment System – ABAS 3rd (Harrison & Oakland 2015); Diagnostic Adaptive Behavior Scale – DABS (Tassé 2018); für beide liegt bislang keine deutsche Version vor
113 z. B. Triple C (Blomberg & West 1999) oder Schau hin! (Rehavista 2014)
114 z. B. BEP-KI nach Senckel & Luxen 2017
115 vgl. Weid-Goldschmidt 2015
116 z. B. SEO nach Dosen (Sappok et al. 2018) oder SEN nach Hoekman et al. 2012

staltung der Umsetzung besprochen. Ziel des Gesprächs ist einerseits der Austausch zwischen allen Beteiligten. Andererseits werden als Ergebnis auch Kommunikationsabsprachen zwischen den Beteiligten für die Zukunft formuliert.

Konkretisierung der Teilhabeziele

Alle Beteiligten am Gespräch im Kreis von Unterstützer*innen einigen sich auf gemeinsame Themen für die Teilhabeplanung, die die vorrangigen Wünsche, Interessen und Bedarfe der Person für die nächsten Monate und Jahre in den Fokus nehmen. Die konkreten Teilhabeziele im Rahmen der ausgewählten Themenfelder und die Organisation von Unterstützung können sich in den unterschiedlichen Lebenskontexten der Person (z. B. Wohnen und Arbeit/Beschäftigung) unterscheiden. Zusätzlich zu den individuellen Teilhabezielen werden auch Unterstützungsbedarfe in Bezug auf Selbstpflege, Haushaltsführung, Mobilität (z. B. Notwendigkeit einer Begleitung außerhalb) oder allgemeine Anforderungen (z. B. Hintergrundpräsenz tags und nachts) formuliert.

Umsetzung von Zielen und Planung von Unterstützung

Im Teilhabeplan werden nicht nur die Bedarfe, sondern auch die Organisation der Unterstützung benannt. So kann ein Bedarf auch ohne professionelle Unterstützung erfüllt werden, wenn es andere Formen der Unterstützung (z. B. im Sozialraum) gibt. In der Gestaltung von Unterstützung wird das Bedürfnis aller Menschen, verschiedene soziale Rollen zu erfahren, mitgedacht. Das gilt im Besonderen für Menschen mit komplexem Unterstützungsbedarf, deren Lebensführung stark mit der Unterstützung im Wohnumfeld verquickt ist und deren soziales Netzwerk häufig wenige Menschen außerhalb professioneller Unterstützer*innen umfasst. Unterstützung aus dem Sozialraum kann z. B. auch das Erleben von Freundschaft ohne Abhängigkeitsverhältnis (wie in der professionellen Unterstützung) ermöglichen. Beispiele solcher Erfahrungen sind ehrenamtliche persönliche Bezugspersonen oder die sog. »paid friends« in skandinavischen Ländern. Das Teilhabemanagement hat auch die Aufgabe, Möglichkeiten für anderweitige Unterstützung zu erschließen.

Kommunikations- und Dokumentationsstruktur

Grundsätzlich muss für den Prozess der Teilhabeplanung auch die Kommunikations- und Dokumentationsstruktur beachtet werden. Eine an EU- und nationalen Datenschutzvorgaben orientierte, digital basierte Dokumentations- und Kommunikationsstruktur sollte für ein Unterstützungsteam, das neben den Menschen mit Behinderung und professionellen Unterstützer*innen auch subjektiv bedeutsame informelle Unterstützer*innen (wie z. B. Angehörige) umfasst, verfügbar sein, um Absprachen festzuhalten, die Umsetzung und eventuelle Änderungen zu organisieren und die Weitergabe essenzieller Informationen (z. B. medizinische) zu sichern. Der Einsatz von Kommunikationsmitteln wie Leichte Sprache oder Unterstützte Kommunikation kann helfen, die Teilhabeplanung und Absprachen auch für die Person mit komplexem Unterstützungsbedarf verständlich und transparent zu machen. Das lässt sich mithilfe mobiler Geräte, die barrierearme Dokumentations- und Kommunikationsfunktionen unterstützen, realisieren (z. B. Tablets).

Evaluation

Nach einer vorab bestimmten Zeit wird die Umsetzung der Ziele mit allen Beteiligten evaluiert. Dabei kann in der Zielerreichung unterschieden werden zwischen: 1) vollständig erreicht, 2) teilweise erreicht und 3) nicht erreicht. Wichtig ist, dass Ziele sich vor allem auf die Realisierung von Teilhabe beziehen, was konkret häufig die Teilnahme an Aktivitäten und Beziehungen zu verschiedenen persönlichen Zwecken meint. Befähigungsaspekte können bei der Unterstützung eine wichtige Rolle spielen, sind aber weder Voraussetzung dafür, qualifiziert unterstützt zu werden, noch Selbstzweck.

In jedem Fall folgt der Evaluation ein neuer Plan, der das Ergebnis und eine aktualisierte Erhebung von Teilhabezielen aufnimmt. So kann entschieden werden, dass das Ziel möglicherweise mehr Zeit braucht und somit in Zukunft fortgeschrieben wird. Alternativ kann aber auch entschieden werden, dass das Ziel nicht mehr zu den aktuellen Themen der Person passt und es somit als beendet erklärt wird – auch wenn es noch nicht (vollständig) erreicht wurde.

Beratung

Insbesondere im Vorfeld und während der Teilhabe- und Gesamtplanung sind institutionalisierte Beratungsstrukturen einzubeziehen, die unabhängig von einem bestimmten Anbieter arbeiten, leistungsrechtlich versiert sind, über das pädagogisch-fachliche Know-how verfügen und personenorientiert beraten. Die Einbeziehung von Peerberatung kann oftmals neue Perspektiven eröffnen und motivieren.

Literatur

Assmann, M. (2011): Individuelle Lebensstilplanung (ILP) – ein Instrument zur personenzentrierten Unterstützungsplanung für Menschen mit hohem Unterstützungsbedarf. In: W. Kulig, K. Schirbort & M. Schubert (Hrsg.): Empowerment behinderter Menschen. Theorien, Konzepte, Best-Practice. Stuttgart: Kohlhammer, S. 99–108).
Blomberg, K. & West, D. (1999): Triple C – Checklist of Communication Competencies. Victoria, Australia: Severe Communication Impairment Outreach Projects.
Budde, W. & Früchtel, F. (2009): Eco-Maps und Genogramme als Netzwerkperspektive in der sozialräumlichen Fallarbeit. In: sozialraum.de (1) Ausgabe 2/2009. Online verfügbar unter: https://www.sozialraum.de/eco-maps-und-genogramme-als-netzwerkperspektive.php, Zugriff am 28.06.2020.
Deutscher Verein für öffentliche und private Fürsorge (2019): Empfehlungen des Deutschen Vereins zur Gesamtplanung in der Eingliederungshilfe und ihr Verhältnis zur

Teilhabeplanung. Vom 18. Juni 2019. Online verfügbar unter: https://www.deutscher-verein.de/de/empfehlungenstellungnahmen-2019-empfehlungen-des-deutschen-vereins-zur-gesamtplanung-in-der-eingliederungshilfe-und-ihr-verhaeltnis-zur-teilhabeplanung-3564,1672,1000.html, Zugriff am 28.06.2020.

Deutsche Heilpädagogische Gesellschaft (DHG) (Hrsg.) (2000): Individuelle Hilfeplanung. Tagungsbericht DHG-Tagung Bonn 1999. Bonn, Düren: Eigenverlag DHG (DHG-Schrift 5).

Deutsche Heilpädagogische Gesellschaft (DHG) (Hrsg.) (2001): Hilfe nach Maß?! Hilfebedarf, Individuelle Hilfeplanung, Assistenz, Persönliches Budget. Tagungsbericht DHG-Tagung Mainz 2000. Mainz, Düren: Eigenverlag DHG (DHG-Schrift 6).

Diakonie Rheinland Westfalen Lippe (2019): Das Gesamtplanverfahren im Bundesteilhabegesetz. Münster. Online verfügbar unter: https://www.bethel.de/fileadmin/Bethel/downloads/Aktuelle_Flyer_Broschueren_etc/bthg/2019-03-27_final_Gesamtplanverfahren_im_BTHG_final.pdf, Zugriff am 28.06.2020.

Dieckmann, F.; Haas, G. & Bruck, B. (2007): Herausforderndes Verhalten bei geistig behinderten Menschen – zum Stand der Fachdiskussion. In: Dieckmann, F. & Haas, G. (Hrsg.): Beratende und therapeutische Dienste bei geistiger Behinderung und herausforderndem Verhalten. Stuttgart: Kohlhammer, S. 15–40.

Domenig, D. & Schäfer, U. (Hrsg.) (2018): Auffallend herausfordernd! Begleitung zwischen Selbstbestimmung und Überforderung. Zürich: Seismo Verlag.

Doose, S. (2011): I want my dream! Persönliche Zukunftsplanung. Neue Perspektiven und Methoden einer personenzentrierten Planung mit Menschen mit und ohne Behinderung. Neu-Ulm: AG SPAK.

Emrich, C.; Gromann, P. & Niehoff, U. (2003): Gut leben: Persönliche Zukunftsplanung realisieren – ein Instrument. Marburg: Lebenshilfe Verlag.

Engel, H. & Beck, I. (2018): Voruntersuchung als Entscheidungsgrundlage zur Entwicklung eines Instruments zur Ermittlung des Bedarfs im Rahmen der Umsetzung des Bundesteilhabegesetzes (BTHG) im Land Berlin. Abschlussbericht. Berlin: Senatsverwaltung für Integration, Arbeit und Soziales. Online verfügbar unter: https://umsetzungsbegleitung-bthg.de/w/files/aktuelles/senias-vorstudie-abschlussbericht.pdf, Zugriff am 28.06.2020.

Escalera, C. (2001): Veränderung und Stabilisierung des Selbst als Voraussetzung für Veränderung und Stabilisierung des Anderen. Analyse und reflektierte Begleitung des transaktionalen Prozesses bei selbst- und fremdverletzenden Verhaltensweisen. In: Geistige Behinderung, 40 (4), S. 379–389.

Fröhlich, A. & Haupt, U. (2004): Leitfaden zur Förderdiagnostik mit schwerstbehinderten Kindern. Eine praktische Anleitung zur pädagogisch-therapeutischen Einschätzung. Dortmund: Verlag Modernes Lernen Borgmann.

Harrsion, P. & Oakland, T. (2015): Adaptive Behavior Assessment System (3rd ed.) [ABAS-3]. New York: Pearson.

Heijkoop, J. (2008): Herausforderndes Verhalten von Menschen mit geistiger Behinderung. Neue Wege der Begleitung. Weinheim: Beltz edition sozial.

Hoekman, J., Miedema, A., Otten, B. & Gielen, J. (2012): SEN – Skala zur Einschätzung des Sozial-Emotionalen Entwicklungsniveaus. Göttingen: Hogrefe.

Holtz, K.L., Eberle, G., Hillig, A. & Marker, K. (2005): HKI – Heidelberger Kompetenzinventar für geistig Behinderte. Heidelberg: Universitätsverlag Winter.

Lauer, N. (2018): Talking Mats App – jetzt in deutscher Sprache. In: Forum Logopädie, 32 (2), S. 10–21.

Lüders, C. (2001): Teilnehmende Beobachtung. In: R. Bohnsack, W. Marotzki & M. Meuser (Hrsg.): Hauptbegriffe Qualitativer Sozialforschung. Opladen: Verlag Barbara Budrich, S. 151–153.

NUEVA (Nutzer evaluieren). Online verfügbar unter: www.geteq-nueva.de, Zugriff am 28.06.2020.

Petry, K., Maes, B. & Vlaskamp, C. (2008): Quality of Life of Persons with Profound Multiple Disabilities. Abteilung Heilpädagogik, Katholische Universität Leuven, Belgien.

Rehavista (2014): Diagnostikwerkzeug »Schau hin«. Online verfügbar unter: www.rehavista.de/shop/artikel/schau-hin, Zugriff am 28.06.2020.

Ross, E. & Oliver, C. (2003): Mood, Interest and Pleasure Questionnaire. School of Psychology, University of Birmingham, UK.

Sappok, T. (Hrsg.) (2019): Psychische Gesundheit bei intellektueller Entwicklungsstörung. Ein Lehrbuch für die Praxis. Stuttgart: Kohlhammer.

Sappok, T., Zepperitz, S., Barrett, B. & Došen, A. (2018): Skala der Emotionalen Entwicklung – Diagnostik. Göttingen: Hogrefe.

Schalock, R. L. & Verdugo, M. A. (2002): Handbook on quality of life for human service practitioners. Washington, DC: American Association on Mental Retardation.

Seifert, M. (2010): Kundenstudie – Bedarf an Dienstleistungen zur Unterstützung des Wohnens von Menschen mit Behinderung. Berlin: Rhombos-Verlag.

Senckel, B. & Luxen, U. (2017): Der entwicklungsfreundliche Blick. Entwicklungsdiagnostik bei normal begabten Kindern und Menschen mit Intelligenzminderung. Weinheim: Beltz.

Tassé, M. J., Schalock, R. L., Balboni, G., Bersani, H., Borthwick-Duffy, S. A., Spreat, S., Thissen, D., Widaman, K. F. & Zhang, D. (2017): Diagnostic Adaptive Behavior Scale User's Manual & 25 Interview Forms. Silver Spring, MD: American Association on Intellectual and Developmental Disabilities.

Theunissen, G. (2009): Positive Verhaltensunterstützung. Marburg: Lebenshilfe-Verlag.

Theunissen, G. (2012): Lebensweltbezogene Behindertenarbeit und Sozialraumorientierung: Eine Einführung in die Praxis. Freiburg: Lambertus.

Vlaskamp, C., van der Meulen, B. & Smrkovsky, M. (1999): Gedragstaxatieinstrument [Verhaltensbeobachtungsinstrument]. Groningen: Stichting Kinderstudies.

Wang, C. & Burris, M. (1997): Photovoice: concept, methodology, and use for participatory needs assessment. In: Health, Education & Behavior, 24, S. 369–387.

Weid-Goldschmidt, B. (2015): Zielgruppen unterstützter Kommunikation. Fähigkeiten einschätzen – Unterstützung gestalten. Karlsruhe: von Loeper Literatur Verlag.

6 Teilhabe im Sozialraum

Bestärkt durch die ICF und die UN-Behindertenrechtskonvention (UN-BRK) setzt sich im Fachdiskurs ein Behinderungsverständnis durch, welches Behinderung insbesondere als soziale Kategorie auffasst. Vor diesem Hintergrund ist die Begleitung und Unterstützung der Teilhabe von Menschen mit Behinderung – auch und insbesondere für den Personenkreis der Menschen mit kognitiven Beeinträchtigungen und komplexem Unterstützungsbedarf – ohne eine sozialraumbezogene Herangehensweise undenkbar geworden. Der Blick auf den Sozialraum fokussiert soziale Zusammenhänge von und in Räumen. Sozialraumorientierung steht somit für eine Strategie professioneller Arbeit, die im Kontext von Inklusion unabdingbar ist.[117]

Der Standard »Teilhabe im Sozialraum« will die mit diesem Konzept verbundenen Chancen und Herausforderungen aufzeigen. Er hat den Anspruch, die Komplexität von Sozialraumorientierung und die Mehrdimensionalität des Konzepts zu konkretisieren. Notwendige Qualifikationen und Kompetenzen werden dabei ebenso in den Blick genommen wie Handlungsfelder und Methoden des Fachkonzepts. Es folgt eine rechtliche Einordnung unter Berücksichtigung menschen-, sozial- und leistungsrechtlicher Aspekte. Abschließend werden fachliche Standards bezüglich der Umsetzung von Sozialraumorientierung für die unterstützte Teilhabe von Menschen mit komplexem Unterstützungsbedarf formuliert.

6.1 Fachliche Herausforderungen

Der Sozialraum ist in Bezug auf unterschiedlichste Lebenslagen ein subjektiver und vielschichtiger Begriff. Menschen bewegen sich in verschiedenen für sie bedeutsamen sozialen Räumen, die nicht nur nahräumlich im Sinne des Wohnquartiers definiert sind, sondern auch soziale Netzwerke jenseits lokaler Grenzen sein können. Meist wird Sozialraum territorial und geografisch verstanden, z. B. in kommunalen Strukturen, Stadtteilen und Quartieren, in denen Menschen, Organisationen, Angebote, Aktivitäten usw. verortet werden können. Dieser Raum ist nicht per se gegeben, sondern ein über Jahre gewachsenes, durch soziale Aktivitäten entwickeltes und immer wieder veränderbares Gebilde. Die Veränderbar-

---

117 grundlegend dazu s. Leitbegriff »Sozialraumorientierung« in Kap. 2 dieser Standards

keit von Räumen und der sich darin vollziehenden sozialen Prozesse sind grundlegende Bedingungen für die Entwicklung inklusiver Gemeinwesen.

Fachkonzept Sozialraumorientierung

Wichtige Impulse zur Konkretisierung der neuen professionellen Anforderungen im Zeichen von Inklusion und Partizipation bietet das *Fachkonzept Sozialraumorientierung*.[118] Das Konzept wurde im Feld der Sozialen Arbeit entwickelt und hat seine Wurzeln in der Gemeinwesenarbeit der 1960/1970er Jahre. Mittlerweile ist das Konzept in der Jugendhilfe und der sozialen Stadtentwicklung sowie in Quartierskonzepten der Altenhilfe etabliert.

In *Theorie und Praxis der Behindertenpädagogik* und im *System Behindertenhilfe* blieb das Konzept lange Zeit unbeachtet – obwohl bereits Mitte der 1980er Jahre fast sämtliche theoretischen und konzeptionellen Bausteine einer gemeindenahen Versorgung vorlagen, z. B. zu sozialen Netzwerken, Selbsthilfe-Beratungsstellen, Ehrenamt, De-Institutionalisierung und Dezentralisierung.[119] Der in Deutschland zuerst von Thimm in den 1980er Jahren vorgelegte Ansatz einer *gemeinwesenorientierten Behinderten*pädagogik[120] leitete sich – ebenso wie die Gemeindepsychiatrie – aus der »Kritik an den zentralisierten und separierten Versorgungsstrukturen und der Verdrängung von Behinderung und psychischen Erkrankungen aus den alltäglichen Lebenszusammenhängen« ab.[121]

Die Rezeption des sozialräumlichen Ansatzes durch die Behindertenhilfe erfolgte zögerlich. Zu den Wegbereitern gehörte die DHG, indem sie bereits 2007 eine Expertise zur Übertragung des Konzepts auf die Arbeit mit Menschen mit Behinderungen in Auftrag gab[122] und mit einer thematisch anschließenden Fachtagung nachdrücklich auf die Notwendigkeit sozialraumorientierter Konzepte und Handlungsansätze im Feld der Behindertenhilfe hingewiesen hat.[123]

> Das Konzept Sozialraumorientierung ist eine *fachliche Grundlage für gesellschaftliche Teilhabe*. Im Kern geht es nicht um die Veränderung der Menschen, sondern um die Gestaltung von Verhältnissen und Arrangements.[124]
> Fünf *Grundprinzipien* sind wesentlich[125]:
>
> - Orientierung am Willen der Menschen;
> - Unterstützung von Eigeninitiative und Selbsthilfe;
> - Konzentration auf die Ressourcen der Menschen und des Sozialraums;

---

118 vgl. Seifert 2010b
119 vgl. Beck 2008
120 vgl. Thimm 2005
121 Beck 2016, 67
122 Franz & Beck 2007
123 DHG 2008
124 vgl. Hinte 2011, 101
125 vgl. Hinte 2016

- Zielgruppen- und bereichsübergreifende Sichtweise;
- Kooperation und Koordination.

Diese Grundprinzipien wurden im sog. *SONI-Modell*[126] integriert, das in der Sozialen Arbeit verbreitet ist und im Folgenden als Bezugsrahmen für die weiteren Ausführungen zur Arbeit mit Menschen mit komplexem Unterstützungsbedarf genutzt wird. Das mehrdimensionale Modell beschreibt die Handlungsfelder sozialraumorientierter Arbeit auf zwei Ebenen (s. Tab. 2). Auf der Ebene der Lebenswelt sind die Handlungsfelder *Individuum* (Bezug: Fallarbeit) und *Netzwerk* (Bezug: Gemeinwesen) angesiedelt, auf der Systemebene die Felder *Organisation* (Bezug: Hilfesystem) und die *Sozialstruktur* (Bezug: Kommunalpolitik). Alle Handlungsfelder sind aufeinander bezogen.

Die vier Handlungsfelder sind im Zeichen von Inklusion und Partizipation auch für die Behindertenhilfe von hoher Relevanz. Die jeweilige Konkretisierung gibt Impulse zur Entwicklung von Handlungsansätzen, die die Teilhabe von Menschen mit kognitiven Beeinträchtigungen und komplexem Unterstützungsbedarf fördern. Sie können hier nur beispielhaft erläutert werden. In der Praxis müssen jeweils eigene passende Wege gefunden werden.

Ebene des **Systems**	**S**ozialstruktur	**O**rganisation
	Bezug: **Kommunalpolitik**	Bezug: **Hilfesystem**
	Aktivierung und Einmischung	Sozialräumliche Steuerung
	Erschließung politischer und ethischer Ressourcen	Erschließung institutioneller Ressourcen
Ebene der **Lebenswelt**	**N**etzwerk	**I**ndividuum
	Bezug: **Gemeinwesen**	Bezug: **Fallarbeit**
	Fallunspezifische Arbeit	Stärkemodell
	Erschließung sozialer Ressourcen	Erschließung individueller Ressourcen

Abb. 1: SONI-Modell der Sozialraumorientierung, eigene Darstellung in Anlehnung an Früchtel & Budde 2010, S. 60

---

126 vgl. Früchtel & Budde 2010; Früchtel et al. 2013a

Ebene der Lebenswelt

Sozialraumorientierte Arbeit setzt am Lebensalltag der Menschen an. Konkret geht es um die Arbeit mit dem Individuum und Teilhabe fördernde Aktivitäten im Gemeinwesen.

Individuelle und soziale Ressourcen erschließen

Ausgangspunkt sind die *individuellen Bedürfnisse, Interessen und Stärken*. Sie zu erkunden bedeutet, Menschen mit Behinderung mit Respekt als Expert*innen ihrer Lebenswelt zu betrachten, ihre Themen und Bedarfe des Alltags ernst zu nehmen und aufzugreifen, auf einer Subjekt-Subjekt-Ebene mit ihnen gemeinsam Ziele zu entwickeln und im Rahmen ihrer Möglichkeiten ihre Eigeninitiative zu unterstützen, selbst aktiv zu werden – ein *Prozess des Empowerment*.

Bei *Menschen mit komplexem Unterstützungsbedarf* liegen oft institutionell geprägte Sozialisations- und Lebenserfahrungen vor, die es ihnen erschweren, eigene Bedürfnisse und Wünsche oder den eigenen Willen zu entwickeln und zu äußern. Freiräume für individuelle Erfahrungen und eigene Entscheidungen sind meist eng begrenzt auf den Wohnbereich. Zudem verfügt der Personenkreis, bedingt durch das Leben in Heimstrukturen, in der Regel über wenige Erfahrungen im öffentlichen Raum. Um Vorlieben herausbilden zu können, müssen Menschen mit komplexem Unterstützungsbedarf darum Möglichkeiten der Teilhabe im Sozialraum durch vielfältige Aktivitäten zunächst nahegebracht werden. So können ihre Kompetenzen und Handlungsspielräume erweitert und selbstbestimmte Aktivitäten realisiert werden.

Sozialraumbezogene Vorlieben und Interessen von Menschen mit komplexem Unterstützungsbedarf herauszufinden, gelingt am besten im Rahmen einer *Persönlichen Zukunftsplanung*.[127] Das Instrument zeigt innovative und vielfältige Wege auf, wie Teilhabe im Sozialraum bezüglich der Entwicklung von mehr Selbstbestimmung bei Menschen aussehen kann, die sich nicht selbst verbal äußern können oder in ihrer Selbstständigkeit beeinträchtigt sind. Ausgangspunkt ist eine ausführliche Beschäftigung mit den Stärken und Ressourcen des Individuums mit dem Ziel, Interessen, Wünsche, Gedanken und die subjektive Einschätzung der Lebenssituation der Person zu erfassen.

Mit Hilfe eines Unterstützungskreises wird – unter Berücksichtigung des eigenen Willens und der eigenen Ressourcen – die Entwicklung und Realisierung eigener Lebensvorstellungen umgesetzt. Dabei sind die Entwicklung von Kommunikationsstrukturen auf Augenhöhe und von Netzwerken, auch außerhalb institutioneller Zusammenhänge, eine systemische Perspektive und die Beachtung sozialstruktureller Faktoren von zentraler Bedeutung. Eine sozialraumorientierte Perspektive kann helfen, die verschiedenen Dimensionen zu analysieren und schließlich zusammenzuführen.

Der Sozialraum als Ort der gesellschaftlichen Teilhabe und als Ort der Einflussnahme auf gesellschaftliche Prozesse muss von Menschen mit komplexem

---

127 vgl. Doose 2012

Unterstützungsbedarf erst erkundet und in seiner Bedeutung für die eigene Person subjektiv erfahrbar werden. Dazu können einschlägige Methoden der *Sozialraumanalyse* bzw. der *Sozialraumerkundung* genutzt werden, jedoch müssen diese Methoden an die spezifischen Bedarfslagen angepasst werden. Die zum Teil im Stadtteil ansetzenden offenen Angebote müssten etwa mit Blick auf isoliert und institutionalisiert lebende Menschen mit komplexem Unterstützungsbedarf neu gedacht werden. Dabei sind sowohl Praxis als auch Wissenschaft gefordert, neue Wege zu gehen bzw. zu gestalten.

Entwicklung und Teilhabe bedürfen eines *sozialen Kontextes*, der verlässlich emotionalen Halt und Unterstützung in allen Lebenslagen sichert. Darum haben die Entwicklung, Stärkung und Erweiterung sozialer Beziehungen bei Menschen mit komplexen Unterstützungsbedarf einen zentralen Stellenwert. Ihr soziales Netzwerk ist sehr klein, häufig auf Angehörige und professionelle Unterstützer*innen beschränkt. Um das soziale Netz zu erweitern, gilt es, Gelegenheiten im Sozialraum zu finden, die neue Kontakte ermöglichen und im günstigen Fall zu verlässlichen Beziehungen führen.

Individuelle Netzwerk- und Teilhabeanalysen geben Aufschluss über den aktuellen Stand der Gemeinweseneinbindung und liefern Hinweise auf Bedingungsfaktoren für eine gelingende Teilhabe sowie auf Ansatzpunkte zur Verbesserung der Situation, auch über die individuelle Ebene hinaus.[128] So können z. B. vor dem Hintergrund persönlicher Erfahrungen von Menschen mit komplexem Unterstützungsbedarf Diskriminierungsrisiken im Quartier identifiziert und im Rahmen von Öffentlichkeitsarbeit in die Entwicklung von Strategien zur Steigerung der sozialen Akzeptanz einbezogen werden.

Um den aktuellen Stand subjektiv bedeutsamer Kontakte zu ermitteln, sind persönliche *Netzwerkkarten*[129] ein hilfreiches Instrument. Sie zeigen Lücken auf, die durch sozialräumliche Ansätze bearbeitet werden können. Zur Annäherung an die Erfahrungen im Quartier haben sich *niedrigschwellige Methoden* bewährt, wie Quartiersbegehungen, Nadelmethoden, subjektive Landkarten oder Autofotografie.[130]

Mit Blick auf die soziale Einbindung in das Gemeinwesen spielen *ehrenamtlich Engagierte* eine wichtige Rolle. Als Begleiter*innen und Unterstützer*innen von Menschen mit komplexem Unterstützungsbedarf oder Mitwirkende in inklusiven Projekten entfalten sie ihr Potenzial als »Türöffner ins Gemeinwesen«. Sie können soziale Ressourcen erschließen und dazu beitragen, Vorurteile gegenüber dem Personenkreis abzubauen. Mit ihrer konstruktiven Tätigkeit im Quartier können sie die professionelle Arbeit ergänzen, aber nicht ersetzen. Darum ist in Zeiten knapper öffentlicher Kassen Aufmerksamkeit geboten, dass die Sozialpolitik die Einbindung informeller sozialer Netze nicht zum Abbau professioneller Unterstützung instrumentalisiert.[131] Im Kontakt mit Menschen mit komplexem

---

128 vgl. Seifert 2010c
129 z. B. ECO-Mapping (Früchtel et al. 2013b)
130 vgl. Deinet 2009
131 vgl. Dahme & Wohlfahrt 2011

Unterstützungsbedarf brauchen ehrenamtlich Engagierte eine verlässliche fachliche Begleitung.

Beziehungen zu nicht Professionellen im Sozialraum dürfen sich jedoch nicht im Einsatz von Ehrenamtlichen erschöpfen. Wünschenswert ist ein alltäglicher *Kontakt zur Nachbarschaft und zu Personen im Sozialraum*, dem weder ein professionelles Verhältnis noch ein ehrenamtliches Engagement zugrunde liegt. »Enabling community« bedeutet hier, Menschen im Sozialraum die Chance zu geben, durch die Begegnung mit Menschen mit komplexem Unterstützungsbedarf Kompetenzen zu erwerben, die ihnen zuvor unbekannt waren.

In diesem Zusammenhang ist auch die *Rolle von Angehörigen* bedeutsam. Solange deren schwer beeinträchtigten Kinder noch im Elternhaus leben, praktizieren sie Inklusion – von Anfang an. Sie unterstützen und begleiten ihre Töchter und Söhne im Quartier, stiften Kontakte und engagieren sich für die Verbesserung der sozialen Einbindung. Nach dem Auszug der Söhne und Töchter in Wohnangebote der Behindertenhilfe sind viele Angehörige in diesem Feld weiter aktiv.

Sozialräumliche Ressourcen im Gemeinwesen erschließen

Wer Brücken bauen will in das Gemeinwesen, muss gute Kenntnisse über dessen Beschaffenheit haben: Was kennzeichnet die Bevölkerung? Wer gehört zu den Schlüsselpersonen in der Gemeinde? Welche Rolle spielt bürgerschaftliches Engagement? Welche allgemeinen Angebote stehen zur Verfügung? Welche sind für Menschen mit Behinderung zugänglich? Sind soziale Problemlagen bekannt?

Die *Ressourcen*, die das Stadtviertel oder die Gemeinde bietet, sind vielfältig. Sie können – je nach Bedarfslage – erschlossen bzw. genutzt werden, z. B. Räume, Arbeitgeber, professionelle Dienstleister, Vereine, Initiativen, Fußballplätze, Kirchengemeinden, Schulen, Grünflächen usw.[132].

Allgemeine Freizeitangebote können von Menschen mit komplexem Unterstützungsbedarf nur bedingt genutzt werden – abhängig von der Zugänglichkeit der Angebote und von Signalen des Willkommen-Seins. In jedem Fall muss sich die Inanspruchnahme an ihren Vorlieben und Interessen und an ihrer Motivation zur Teilnahme orientieren. Zur Erweiterung des persönlichen Netzwerks haben sich *Quartierstreffpunkte* bewährt, z. B. in Form von integrativen Cafés, die Gelegenheiten für Begegnung, Kommunikation und gemeinsame Aktivitäten von Menschen mit und ohne Behinderung bieten, sowie kulturelle Angebote, die für alle interessant sind.

In diesem Kontext kommt *Nachbarschaftshäusern* und *Stadtteilzentren* eine Schlüsselfunktion zu. Ihre Angebote orientieren sich an den Bedarfslagen im Gemeinwesen und sind für alle Bürger*innen offen. Als Knotenpunkt für lokale Engagement-Netzwerke bieten sie Anknüpfungspunkte für gemeinsame Projekte, die die Lebensqualität im Stadtteil verbessern und positive Auswirkungen auf das soziale Klima haben. Die Entwicklung gemeinsamer Projekte mit Einrichtun-

---

132 vgl. Budde et al. 2004, 20

gen und Diensten der Behindertenhilfe fordert von den Beteiligten Offenheit für neue Kooperationsstrukturen. Auf Seiten der gemeindebezogenen Einrichtungen ist die Bereitschaft zur Zusammenarbeit mit lokalen Akteur*innen Bestandteil ihres professionellen Selbstverständnisses. Von der Behindertenhilfe wird erwartet, dass sie nicht nur zielgruppenspezifisch agiert, sondern im Interesse eines wachsenden Miteinanders auch etwas für die Zivilgesellschaft tut.

Die Umsetzung sozialräumlichen Handelns erfordert von Mitarbeitenden im Feld der Behindertenhilfe eine Erweiterung ihres *professionellen Selbstverständnisses*. Unter dem Leitprinzip Kooperation und Vernetzung werden Einrichtungen und Dienste zu Akteuren, die zielgruppenübergreifend gemeinsam mit anderen in Netzwerken aktiv werden, um inklusive Prozesse vor Ort zu initiieren, zu unterstützen und zu begleiten.

- *Mitarbeit in Profi-Netzwerken*: Für die Verbesserung der sozialen Einbindung von Menschen mit komplexem Unterstützungsbedarf bieten disziplin- und professionsübergreifende Profi-Netzwerke (z. B. Stadtteilarbeitskreise, zielgruppen- oder themenspezifische Arbeitskreise) ein wirksames Forum.[133] Ihre Potenziale liegen in der aktiven Gestaltung gemeinsamer Projekte und kooperativer Problemlösungen, in der Verzahnung von Dienstleistungen, in Synergieeffekten und der Nachhaltigkeit der Zusammenarbeit, in der Lobbyarbeit, im gemeinsamen Engagement bei kommunalen Angelegenheiten und auf sozialpolitischer Ebene sowie bei der Unterstützung und kritischen Begleitung von Entwicklungen in der Praxis. Die Qualität der Zusammenarbeit bedarf eines verbindlichen Rahmens.
- *Fallübergreifende Arbeit*: Bei der sozialraumbezogenen fallübergreifenden Arbeit geht es um die Bündelung und Bearbeitung von Themen, die in der Einzelarbeit häufig genannt werden, aber einer Lösung auf anderen Ebenen bedürfen. Beispielhaft seien Mängel in der lokalen Gesundheitsversorgung von Menschen mit komplexem Unterstützungsbedarf und das Fehlen regionaler psychosozialer Hilfen für den Personenkreis genannt.
- *Fallunspezifische Arbeit*: Schwerpunkt fallunspezifischer Arbeit ist der Aufbau von Beziehungen im Sozialraum als »Ressourcenlager« für eventuell künftig auftretende Bedarfslagen.[134] Dabei geht es z. B. um die Potenziale von Organisationen wie Vereine, Initiativen, Betriebe oder Regeleinrichtungen, die z. B. durch Räume, Plätze, Geräte, Materialien oder Mitarbeitende mit besonderen Kompetenzen im Bedarfsfall Unterstützung geben können. Auch Potenziale einzelner Bürger*innen sind gefragt, die über Dienstleistungen in Form von Nachbarschaftshilfe hinausgehen und – wo immer möglich – wechselseitig Gewinn bringen. Beispielhaft sei die Unterstützung einer in Schneiderarbeiten versierten Frau bei der Vorbereitung eines inklusiven Circus-Projekts genannt, an dem auch Menschen mit komplexem Unterstützungsbedarf beteiligt sind. Sie näht Kostüme und erhält für sich und ihre Familie freien Eintritt zur Veranstaltung und Pausengetränke.

---

133 vgl. Kardorff 1999, 276
134 vgl. Früchtel et al. 2013b

Bürger*innen als Träger von Ressourcen zu erkennen, erfordert die Entwicklung eines *Gelegenheitsblicks*, der in alltäglichen Zusammenhängen zuvor unbekannte Situationspotenziale aufspürt und für künftige Bedarfslagen speichert.[135]. Nicht selten kommt es zu Lösungen, die im professionellen Bereich kaum denkbar bzw. machbar wären. Zugleich ergibt sich die Frage, wie Organisationen aufgestellt sein müssen, dass Bürger*innen mit ihrem Wissen und Können und ihrer Motivation die Arbeit mit Menschen mit Behinderung bereichern können – ein Aufgabenfeld des *Freiwilligenmanagements*.

Ebene des Hilfesystems

Auf Systemebene geht es um die Weiterentwicklung von professionellen sozialen Organisationen zur Förderung der Teilhabe von Menschen mit Behinderungen und Möglichkeiten der Partizipation an lokalen Entwicklungen.

Institutionelle Ressourcen erschließen

Die Neuorientierung auf der Handlungsebene kann nur dann wirksam werden, wenn sie in *strukturelle, konzeptionelle und personelle Veränderungen der Organisation* eingebunden ist. Sie ist aufgefordert, sich selbst als Teil des Sozialraums zu sehen, und sich – im Interesse der zu unterstützenden Menschen mit komplexen Unterstützungsbedarfen – als lernende Organisation zu verstehen.

Ausgangspunkt ist ein mit allen Organisationseinheiten abgestimmtes *Leitkonzept*, das unter der Zielperspektive Inklusion den Rahmen für die Arbeit im Interesse der Menschen mit Behinderung verbindlich beschreibt und in der Organisationsentwicklung durch *Flexibilisierung der Dienstleistungen* und konsequentem *Quartiersbezug* seinen Niederschlag findet.

Wichtige Voraussetzungen für sozialraumbezogene Strategien sind *kleinräumige Sozialraumanalysen*, die sich nicht auf *strukturelle Aspekte* beschränken (z. B. sozialstatistische Daten und die Versorgungsstruktur), sondern auch *qualitative Verfahren* einbeziehen, z. B. Quartiersbegehungen und Gespräche mit Akteur*innen vor Ort – mit Einwohner*innen verschiedener Alters- und Bevölkerungsgruppen, mit Professionellen im Wohlfahrtssektor (z. B. Mitarbeitende sozialer Einrichtungen, Schulleitungen, Pfarrpersonen, Verwaltung), mit Gewerbetreibenden, einem/er Hausmeister*in und einem/er Briefträger*in sowie mit Vereinsvorständen, Interessenvertreter*innen und örtlich zuständigen Kommunalpolitiker*innen.[136]

Sozialraumanalysen sind bei der Weiterentwicklung von Angeboten der Behindertenhilfe unverzichtbar[137]: Sie bieten ein differenziertes Instrumentarium zur Ermittlung *teilhabe-relevanter Potenziale eines Quartiers*. Sie geben Aufschluss zu unterschiedlichen Fragestellungen, z. B. zu Schnittstellen zur Jugendhilfe und zur Altenhilfe oder zu Anknüpfungspunkten für gemeinsame Projekte mit Ein-

---

135 vgl. Früchtel et al. 2013b
136 vgl. Stock 2004
137 vgl. Seifert 2010c

richtungen und Angeboten für die allgemeine Bevölkerung. Zudem liefern sie Hinweise auf *Bedarfe der Quartiersbewohner*innen*, die aufgegriffen und für inklusive Projekte genutzt werden können, z. B. für die Einrichtung eines Bürgertreffs mit niedrigschwelligen Angeboten für Menschen mit und ohne Behinderung. Sie sind Grundlage für die *Entwicklung von Kooperations- und Vernetzungsstrukturen*, bereichs- und zielgruppenübergreifend, z. B. zwischen Einrichtungen und Diensten der freien Wohlfahrtspflege, lokalen Unternehmen, der Sozial- und Bauplanung und Initiativen der Zivilgesellschaft.

Im *Bereich des Wohnens* werden von Trägern der Behindertenhilfe zunehmend Teilhabe fördernde Konzepte erprobt, die sich an den Prinzipien der Personenzentrierung und Sozialraumorientierung ausrichten und teilweise auch Menschen mit komplexem Unterstützungsbedarf einbeziehen. Integrative Strukturen haben Konjunktur – Stichworte: Hausgemeinschaft, Apartmentwohnen, Generationenwohnen. Hier sind Kooperationen mit Wohnungsbaugesellschaften von großer Bedeutung, die bereits bei der Planung von Bauprojekten inklusive Ansätze berücksichtigen. Damit innovative Wohnprojekte keine »Inseln« im Sozialraum sind, erweisen sich Treffpunkte im Umfeld als Orte der Begegnung für Menschen mit und ohne Behinderung als geeigneter Weg (z. B. in Stadtteil- oder Bürgerzentren).

Beim Leben im Quartier hat das *nachbarschaftliche Zusammenleben* besondere Bedeutung.[138] Insbesondere bei schweren Beeinträchtigungen und herausfordernden Verhaltensweisen, die von Anwohner*innen als »störend« erlebt werden, sind nachbarschaftliche Kontakte nicht konfliktfrei. Soziale Beziehungen mit Menschen aus der Nachbarschaft entwickeln sich nicht allein aus räumlicher Nähe. Sie entstehen erst durch Interaktion.

Wichtige Erkenntnisse zu spezifischen Herausforderungen im nachbarschaftlichen Zusammenleben hat die Begleitforschung zum stadtteilintegrierten Wohnen für Menschen mit schwerer kognitiver und mehrfacher Behinderung in Berliner Wohnanlagen des sozialen Wohnungsbaus gebracht (Projekt WISTA).[139] Sie belegen, dass das Zusammenleben mit diesem Personenkreis (einschließlich herausforderndens Verhaltens) gelingen kann, wenn die Wohnbedürfnisse beider Seiten Berücksichtigung finden, wenn die Mitarbeitenden in den Wohngruppen für sozialraumbezogene Aufgaben qualifiziert sind und wenn die Gruppe in ein Unterstützung gebendes soziales Netzwerk eingebunden ist. Hier ist das Netzwerken (community networking) ein unverzichtbares Element. *Ohne Netzwerke gerät eine kleine Wohneinrichtung in die Gefahr der sozialen Isolation.* Die Studie kommt zu dem Schluss, dass nur die konkrete Teilnahme der Menschen mit schweren kognitiven Beeinträchtigungen und Verhaltensauffälligkeiten am »normalen« Leben jene Lernprozesse bewirken kann, die sie und andere für die Normalität befähigen.

Auch hinsichtlich der Teilhabe von Menschen mit kognitiven Beeinträchtigungen und komplexem Unterstützungsbedarf am *Arbeitsleben* eröffnen sich im Sozialraum neue Perspektiven. Sie basieren auf Kooperationen zwischen sozialen

---

138 vgl. Seifert 2017
139 vgl. Hahn et al. 2004; Seifert 2006

Einrichtungen und Betrieben, die dem Personenkreis Gelegenheiten bieten, ihre jeweils spezifischen arbeitsbezogenen Kompetenzen an allgemein genutzten Orten einzubringen, z. B. in Kaufhäusern beim Recycling von Altpapier oder bei der Landschaftspflege in einem Vogelpark.[140]

Von zentraler Bedeutung zur Realisierung sozialraumorientierter Strategien ist die *Personalentwicklung*, insbesondere die Qualifizierung für sozialraumorientierte Aufgaben. Zwar gehören gemeindebezogene Aktivitäten schon lange zum Aufgabenfeld von Mitarbeitenden in Einrichtungen und Diensten der Behindertenhilfe, z. B. in Kooperationen mit Kirchengemeinden, Schulen, anderen Trägern und mit Einrichtungen und Vereinen vor Ort. Das Engagement ist allerdings in hohem Maße abhängig von der Motivation einzelner Personen oder Personengruppen in unterschiedlichen Funktionsbereichen.

Sozialraumorientiertes Arbeiten und die dafür zur Verfügung stehenden Methoden erfordern spezifische Kenntnisse von Fachkräften in der Begleitung und Unterstützung. In der bisherigen Gestaltung von einschlägigen Ausbildungs- und Studiengängen kann davon ausgegangen werden, dass insbesondere in der Sozialpädagogik und der Sozialen Arbeit durch das traditionelle Paradigma der Gemeinwesenorientierung Absolvent*innen fachlich für sozialraumorientiertes Arbeiten qualifiziert sind. Jedoch geht dies selten mit einer fachlichen Qualifizierung im Kontext von Behinderung oder gar für Menschen mit komplexem Unterstützungsbedarf einher.

In der Behindertenhilfe ist eine *systematische Gemeinwesenorientierung auf der Basis des Konzepts Sozialraumorientierung* bislang nicht selbstverständlich integraler Bestandteil der professionellen Arbeit. Mancherorts hat sich die Benennung von Beauftragten für Sozialraumorientierung bewährt, die Konzepte zur Weiterentwicklung der Angebote aus sozialräumlicher Perspektive erarbeiten und die Umsetzung in der Praxis begleiten und unterstützen. Dennoch darf die sozialräumliche Arbeit nicht an einzelne »zuständige« Personen oder Bereiche (z. B. das ambulant betreute Wohnen oder die Offenen Hilfen) delegiert werden. Sozialraumorientierung sollte die Arbeit in allen Bereichen, auch in besonderen Wohnformen, und auf unterschiedlichen Funktionsebenen prägen.

Von grundsätzlicher Bedeutung ist eine *Haltung von Fach- und Laienkräften*, die den Sozialraum aufgeschlossen als Chance für Teilhabe betrachtet, ohne überzogenes Schutzdenken bspw. vor Diskriminierungen und Erfahrungen der Ablehnung und Abwertung. Es gilt, eine professionelle Haltung zu entwickeln, die nicht zum Rückzug und zu neuen isolierenden Unterstützungssettings führt, sondern gestärkt, positiv und konsequent sozialraumorientiert Teilhabe gestaltet und ermöglicht.

Beteiligung an lokalen Entwicklungsprozessen

Die Beteiligung an lokalen Entwicklungsprozessen ist für Menschen mit kognitiven Beeinträchtigungen bislang kaum realisiert. Insbesondere die *politische Interessenvertretung* steckt für diesen Personenkreis noch in den Anfängen. Selbstvertre-

---

140 ausführlich s. Kap. 7 (Teilhabe am Arbeitsleben) dieser Standards

tungsgruppen sind noch nicht in allen Regionen etabliert. In Behindertenbeiräten auf Landesebene und in den Kommunen werden die Interessen dieses Personenkreises überwiegend durch Vertreter*innen der Behindertenhilfe oder von Angehörigeninitiativen wahrgenommen.

Mit Blick auf spezifische Bedarfe von Menschen mit komplexem Unterstützungsbedarf im Sozialraum sind Träger der Behindertenhilfe aufgefordert, sich an *Quartiersentwicklungsprojekten* zu beteiligen. Diese stellen sich der Herausforderung, Quartiere so zu gestalten, dass alle dort gut leben können und die dafür notwendige Unterstützung erhalten: Junge und alte Menschen, Alleinlebende, Familien, Alleinerziehende, Menschen mit und ohne Migrationshintergrund, Menschen mit unterschiedlichem sozialen und ökonomischen Background, Menschen mit und ohne Behinderung. Unter Beteiligung der Quartiersbewohner*innen und weiterer Akteur*innen vor Ort werden Strategien entwickelt, die allen zugutekommen.

Zunehmend mehr Träger der Behindertenhilfe beteiligen sich als Akteure neben anderen an Quartiersentwicklungsprozessen. Ihr Engagement ist besonders dann gefragt, wenn sie ihre Angebote zielgruppenübergreifend gestalten und das Prinzip des wechselseitigen Nutzens beachten. Das heißt: eigene Ressourcen in das Quartier einbringen, von denen nicht nur Menschen mit Behinderung, sondern auch andere Quartiersbewohner*innen profitieren. So sind z. B. Assistenz- oder Pflegedienste nicht nur für Menschen mit Behinderung von Interesse. Ein Treffpunkt im Quartier sollte offen für alle sein, als Ort der Begegnung, verbunden mit kulturellen Angeboten und vielfältigen Aktivitäten, entsprechend den Interessen der dort lebenden Bevölkerung. Ein Treffpunkt-Café könnte zugleich Arbeitsplatz für Menschen mit Beeinträchtigungen sein.

Probleme der Umsetzung

Die Umsetzung des Fachkonzepts Sozialraumorientierung erweist sich als große Herausforderung. Traditionell gewachsene hinderliche Strukturen der Behindertenhilfe und die noch unzureichende Qualifizierung von Fachkräften für sozialraumorientierte Arbeit tragen zum *Erhalt institutionalisierter Lebenswirklichkeiten* bei. Verschärft wird dieses Szenario dadurch, dass die Sozialgesetzgebung zwar einerseits eine sozialräumliche Orientierung der Unterstützungsleistungen vorsieht, dies jedoch weitgehend unter der Prämisse der *Kostenneutralität*. Zum anderen scheint der Grundsatz der Personenzentrierung mit Blick auf individuell begründete und personbezogene Finanzierung von Unterstützungsleistungen mit sozialraumorientierter Arbeit im Widerspruch zu stehen.

Auch der Lebensraum in einer Institution stellt für die dort lebenden Menschen einen, wenngleich in den meisten Fällen nicht freiwillig gewählten, Sozialraum dar. Es ist darum erforderlich, die Abhängigkeit von der Institution als in sich geschlossenen Sozialraum aufzulösen, damit verbundene Barrieren abzubauen und den Blick auf die Ressourcen des Sozialraums jenseits der Institution zu richten.

Sozialraumorientierung geht über die Dezentralisierung von Angebotsstrukturen hinaus. Ein Umzug von einem zentralisierten Wohnstandort in ein gemeindeintegriertes Wohnangebot bedeutet zwar für den einzelnen Menschen eine Veränderung der sozialen Bezüge, dies geht jedoch nicht zwingend mit einer Ausweitung der sozialen Teilhabe einher, z. B. wenn durch primär einrichtungsbezogene Angebote persönliche Beziehungen nicht über den einrichtungsnahen Bezugsrahmen hinausgehen. Auch in Wohngebieten mit guter Infrastruktur besteht die Gefahr, dass das Potenzial des Quartiers als Sozialraum nicht genutzt wird.

6.2 Rechtliche Aspekte

Die Bedeutung der Sozialraumorientierung für die Realisierung von Teilhabe wird in der UN-Behindertenrechtskonvention und im Bundesteilhabegesetz hervorgehoben.

UN-Behindertenrechtskonvention

In der UN-Behindertenrechtskonvention finden sich vielerlei Bezüge zu einer sozialräumlichen Ausrichtung der Unterstützungsleistungen. Zwar kommt »Sozialraum« als Begriff selbst nicht vor, jedoch nimmt die UN-BRK mehrfach Bezug auf die »Einbeziehung in die Gemeinschaft« und die »Gemeindenähe« von Diensten.

Von zentraler Bedeutung für die Teilhabe im Sozialraum ist der *Artikel 19 UN-BRK* (Unabhängige Lebensführung und Einbeziehung in die Gemeinschaft) mit seiner Forderung nach gemeindenahen Unterstützungsdiensten einschließlich der persönlichen Assistenz, »die zur Unterstützung des Lebens in der Gemeinschaft und der Einbeziehung in die Gemeinschaft sowie zur Verhinderung von Isolation und Absonderung von der Gemeinschaft notwendig ist«. Zudem sollen »gemeindenahe Dienstleistungen und Einrichtungen für die Allgemeinheit Menschen mit Behinderungen auf der Grundlage der Gleichberechtigung zur Verfügung stehen und ihren Bedürfnissen Rechnung tragen«. Dies ist eine klare Aufforderung zur Entwicklung inklusiver Gemeinwesen.

Gestärkt wird die Einbeziehung in die Gemeinschaft durch gemeindenahe Dienste und Programme, wie sie in *Artikel 26 UN-BRK* (Habilitation und Rehabilitation) beschrieben werden. Danach sollen die Vertragsstaaten wirksame und geeignete Maßnahmen treffen, um Menschen mit Behinderungen in die Lage zu versetzen, »die volle Einbeziehung in alle Aspekte des Lebens und die volle Teilhabe an allen Aspekten des Lebens zu erreichen und zu bewahren«.

Die Forderung nach Teilhabe im Sozialraum bleibt weiterhin eine große Herausforderung für Staat und Gesellschaft. Auch die abschließenden Bemerkungen des UN-Ausschusses für die Rechte von Menschen mit Behinderungen über den ersten Staatenbericht Deutschlands (2015) empfehlen nachdrücklich, »den Zugang zu Programmen und Leistungen zu verbessern, die das Leben in der Gemeinschaft unterstützen«[141]

Sozial- und leistungsrechtliche Aspekte

Der *Einbezug des Sozialraums* wird auch in den Regelungen des Bundesteilhabegesetzes (BTHG) an mehreren Stellen als wesentliches Kriterium der Leistungsgewährung benannt.

- Leistungen zur sozialen Teilhabe sollen Menschen mit Behinderung zu einer möglichst selbstbestimmten und eigenverantwortlichen Lebensführung im eigenen Wohnraum sowie in ihrem Sozialraum befähigen oder sie hierbei unterstützen (§ 76 SGB IX und § 113 SGB IX).
- Die Bundesländer haben entsprechend ihrem Sicherstellungauftrag »auf flächendeckende, bedarfsdeckende, am Sozialraum orientierte und inklusiv ausgerichtete Angebote von Leistungsanbietern hinzuwirken« (§ 94 Abs. 3 SGB IX).
- Die Fachkräfte der Träger der Eingliederungshilfe (Sozialverwaltungen) benötigen »umfassende Kenntnisse über den regionalen Sozialraum« (§ 97 Abs. 2 SGB IX).
- Die Leistungen der Eingliederungshilfe haben sich auszurichten »nach der Besonderheit des Einzelfalles«, darunter insbesondere »den persönlichen Verhältnissen, dem Sozialraum und den eigenen Kräften und Mitteln«. Auch die betreffende Wohnform ist »zu würdigen« (§ 104 Abs. 1 SGB IX). »Sozialraumorientiert« und »lebensweltbezogen« werden u. a. als Kriterien für die Gesamtplanung genannt (§ 117 SGB IX).
- Die notwendige Beratung und Unterstützung von »Leistungsberechtigten, auf deren Wunsch auch im Beisein einer Person ihres Vertrauens«, verlangt vom Träger der Eingliederungshilfe in der Gesamtplanung auch Hinweise auf »andere Hilfemöglichkeiten im Sozialraum und auf Möglichkeiten zur Leistungserbringung« und »Hinweise auf andere Beratungsangebote im Sozialraum« (§ 106 Abs. 2 SGB IX). Die »unabhängige ergänzende Beratung als niedrigschwelliges Angebot, das bereits im Vorfeld der Beantragung konkreter Leistungen zur Verfügung steht« (§ 32 SGB IX), ist in diesem Kontext zu sehen.

Probleme und Anforderungen

Die wesentliche Problematik besteht darin, dass der Einbezug des Sozialraums im Teilhaberecht vielfach gefordert wird, jedoch eine ausdrückliche *Sicherung weder im individuellen noch im strukturellen Leistungsrecht* erfolgt. Der Einbezug des Sozialraums ist deshalb vor allem in folgender Hinsicht zu sichern:

---

141 vgl. CRPD 2015, 8

- Assistenzleistungen sollen »Leistungsberechtigte zu einer möglichst selbstbestimmten und eigenverantwortlichen Lebensführung im eigenen Wohnraum sowie in ihrem Sozialraum (zu) befähigen oder sie hierbei (zu) unterstützen« (§ 76 SGB IX). Dies kann, je nach Anforderung und insbesondere bei komplexem Unterstützungsbedarf als eine »qualifizierte Assistenzleistung« im Sinne § 78 Abs.2 und § 113 SGB IX zu bewerten sein. Das schließt auch Assistenzleistungen zur Begleitung in den Sozialraum oder zum Erschließen des Sozialraums ein. Ein Zwang zur gemeinschaftlichen Leistungserbringung (Poolen) ist wenig praxiswirksam für eine erfolgreiche Teilhabe am Leben in der Gesellschaft und verstärkt soziale Abwehr und Diskriminierung.
- Sowohl Leistungsträger wie Leistungserbringer haben die Anforderungen und Ressourcen des Sozialraums im Rahmen der individuellen Bedarfsermittlung und Teilhabeplanung zu berücksichtigen. Darauf ist bei Erstellung von Teilhabeplänen bei allen Akteur*innen und unter Mitwirkung von Vertrauenspersonen und eines Kreises von Unterstützer*innen hinzuwirken.
- Über die individuelle Ebene hinaus ist der Träger der Eingliederungshilfe verpflichtet, im Rahmen seines Sicherstellungsauftrags mit der Behindertenhilfe auf inklusive sozialraumorientierte Strukturen hinzuwirken. Dies ist eine Aufgabe insbesondere der Träger der Eingliederungshilfe mit den Kommunen und Kommunalverbänden als Bestandteil kommunaler Daseinsvorsorge.
- Das Leistungsrecht ist im Rahmen der Personenzentrierung an der Finanzierung von Assistenzleistungen »am einzelnen Menschen« ausgerichtet. Es ist aber zu berücksichtigen, dass sozialräumliches Arbeiten auch auf einer sozialstrukturellen, organisations- und netzwerkbezogenen Ebene erfolgen muss. Dies ist leistungsrechtlich insbesondere in Landesrahmenverträgen sicherzustellen. Mögliche Strategien: Berechnung von sozialraumbezogenen Leistungen im Rahmen von Fachleistungen oder Leistungsmodulen oder eines Sozialraumbudgets.

6.3 Fachliche Standards

Im Folgenden werden die beschriebenen Herausforderungen zu fachlichen Standards für die unterstützte Teilhabe von Menschen mit kognitiven Beeinträchtigungen und komplexem Unterstützungsbedarf im Sozialraum verdichtet.

Handlungsfeld: Individuum

Im Mittelpunkt sozialräumlicher Arbeit steht das Individuum mit seinen Stärken und Beeinträchtigungen und dem gesetzlich verankerten Anspruch auf Teilhabe am Leben in der Gesellschaft. Bei Menschen mit kognitiven Beeinträchtigungen und komplexem Unterstützungsbedarf ergeben sich aus diesem Anspruch besondere Anforderungen an die professionelle Begleitung.

Wohnen und Leben im Quartier

- Menschen mit kognitiven Beeinträchtigungen und komplexem Unterstützungsbedarf sind Bürger*innen des Gemeinwesens wie andere auch.
- Gute Voraussetzungen für die soziale Einbindung bieten gemeindeintegrierte kleine Wohnsettings mit je nach Bedarf flexiblen Unterstützungsleistungen zur Teilhabe am allgemeinen Leben.

Teilhabe am allgemeinen Leben

- Ausgangspunkt sind die individuellen Teilhabewünsche, Vorlieben und Interessen. Sie zu erkunden erfordert spezifische Methoden, z. B. die Persönliche Zukunftsplanung unter Einbeziehung eines Unterstützungskreises. Vielfach müssen Menschen mit komplexem Unterstützungsbedarf bislang unbekannte Möglichkeiten der Teilhabe am allgemeinen Leben erst kennenlernen, um Vorlieben und Interessen ausbilden zu können.
- Sie brauchen Unterstützung zur Entwicklung von sozialen Kompetenzen und Eigeninitiative in den von ihnen präferierten Teilhabefeldern.
- Bei mehrfachen Beeinträchtigungen und/oder herausforderndem Verhalten ist eine qualifizierte Assistenz erforderlich, die nicht nur individuelle Begleitung leistet, sondern in der Interaktion mit anderen auch als »Dolmetscher« tätig wird.

Erweiterung der sozialen Beziehungen

- Das soziale Netzwerk von Menschen mit kognitiven Beeinträchtigungen und komplexem Unterstützungsbedarf ist sehr klein, meist auf Angehörige und professionell Tätige beschränkt. Es gilt, Gelegenheiten im Sozialraum zu finden, die neue Kontakte ermöglichen und ggf. zu verlässlichen Beziehungen führen.
- Individuelle Netzwerk- und Teilhabeanalysen geben Aufschluss über den aktuellen Stand der Gemeinweseneinbindung und liefern Hinweise auf Bedingungsfaktoren für eine gelingende Teilhabe und auf Teilhabebarrieren. Bewährte Instrumente sind persönliche Netzwerkkarten, subjektive Landkarten, Quartiersbegehungen oder Autofotografie.
- Ehrenamtlich Engagierte, die Menschen mit komplexem Unterstützungsbedarf im Quartier unterstützen und begleiten, erschließen neue soziale Ressourcen und tragen dazu bei, Vorurteile gegenüber dem Personenkreis abzubauen. Sie können die professionelle Arbeit ergänzen, aber nicht ersetzen.
- Beziehungen zu nicht Professionellen im Sozialraum dürfen sich nicht auf ehrenamtlich Tätige beschränken. Wünschenswert ist ein alltäglicher Kontakt zur Nachbarschaft und zu Personen im Sozialraum, dem weder ein professionelles Verhältnis noch ein ehrenamtliches Engagement zugrunde liegt.

- Auch die Rolle von Angehörigen ist bedeutsam. Sie unterstützen und begleiten ihre Töchter und Söhne im Quartier, stiften Kontakte und engagieren sich für die Verbesserung der sozialen Einbindung.

Handlungsfeld: Gemeinwesen

Um die soziale Einbindung von Menschen mit komplexem Unterstützungsbedarf zu fördern, bedarf es sozialraumbezogener Strategien, insbesondere der Kooperation und Vernetzung mit anderen Akteuren im Quartier.

Kooperation und Vernetzung

- Die Ressourcen, die das Stadtviertel oder die Gemeinde bietet, sind vielfältig. Sie können – je nach Bedarfslage – durch Kooperationen erschlossen bzw. genutzt werden, z. B. Räume, Arbeits- und Beschäftigungsmöglichkeiten, professionelle Dienstleister*innen, Vereine, Initiativen, Sportplätze, Kirchengemeinden, Schulen, Grünflächen usw.
- Die Umsetzung sozialräumlichen Handelns erfordert von Mitarbeitenden im Feld der Behindertenhilfe eine Erweiterung ihres professionellen Selbstverständnisses. Sie werden zu Akteur*innen, die zielgruppenübergreifend gemeinsam mit anderen in Netzwerken aktiv werden, um inklusive Prozesse vor Ort zu initiieren, zu unterstützen und zu begleiten.
- Für die Verbesserung der sozialen Einbindung von Menschen mit komplexem Unterstützungsbedarf bieten disziplin- und professionsübergreifende Profi-Netzwerke (z. B. Stadtteilarbeitskreise, zielgruppen- oder themenspezifische Arbeitskreise) ein wirksames Forum für kooperative Problemlösungen, die Planung gemeinsamer Projekte, die Verzahnung von Dienstleistungen und die Verstärkung von Lobbyarbeit. Sie bündeln ihre Stärken im gemeinsamen Engagement bei kommunalen Angelegenheiten und auf sozialpolitischer Ebene sowie bei der Unterstützung und kritischen Begleitung von Entwicklungen in der Praxis. Die Qualität der Zusammenarbeit bedarf eines verbindlichen Rahmens.
- Sozialraumbezogene fallübergreifende Arbeit befasst sich mit Themen, die in der Einzelarbeit häufig genannt werden, aber einer Lösung auf anderen Ebenen bedürfen (z. B. regionale psychosoziale Hilfen für Menschen mit komplexem Unterstützungsbedarf).
- Fallunspezifische Arbeit erkundet Potenziale von Organisationen zur Lösung eventuell künftig auftretender Bedarfslagen. Vereine, Initiativen, Betriebe oder Regeleinrichtungen können z. B. durch Räume, Plätze, Geräte, Materialien oder Mitarbeitende mit besonderen Kompetenzen im Bedarfsfall Unterstützung geben. Auch Potenziale einzelner Bürger*innen sind gefragt, die über Dienstleistungen in Form von Nachbarschaftshilfe hinausgehen und – wo immer möglich – wechselseitig Gewinn bringen.

Erschließen von Angeboten im Sozialraum

- Allgemeine Freizeitangebote können von Menschen mit komplexem Unterstützungsbedarf genutzt werden, wenn sie zugänglich sind und wenn Signale des Willkommen-Seins erkennbar sind. In jedem Fall ist zu prüfen, ob das Angebot den Interessen der Person entspricht und ob Bereitschaft besteht, es in Anspruch zu nehmen.
- Gemeinsame Projekte mit Stadtteilzentren und Nachbarschaftshäusern bieten die Chance, im Interesse der Verbesserung der Lebensqualität und des sozialen Klimas im Quartier zielgruppenübergreifend aktiv zu werden. Die Projekte können Breitenwirkung entfalten und positive Auswirkungen auf die Lebenssituation von Menschen mit komplexem Unterstützungsbedarf haben.
- Zur Erweiterung des persönlichen Netzwerks haben sich Quartierstreffpunkte bewährt, z. B. in Form von integrativen Cafés, die Gelegenheiten für Begegnung, Kommunikation und gemeinsame Aktivitäten von Menschen mit und ohne Behinderung bieten, sowie kulturelle Angebote, die für alle interessant sind.

Handlungsfeld: Organisation

Unter der Zielperspektive eines inklusiven Gemeinwesens sind Organisationen der Behindertenhilfe aufgefordert, sozialräumliche Handlungsansätze zu integrieren und sich als Akteure im Sozialraum zu profilieren.

Entwicklung sozialraumbezogener Strategien

- Die Neuorientierung auf der Handlungsebene kann nur wirksam werden, wenn sie in strukturelle, konzeptionelle und personelle Veränderungen der Organisation der Leistungserbringer eingebunden ist.
- Ausgangspunkt ist ein mit allen Organisationseinheiten abgestimmtes Leitkonzept, das unter der Zielperspektive Inklusion den Rahmen für die Arbeit im Interesse der Menschen mit Behinderung verbindlich beschreibt. Eine offene Haltung zum Quartier als Chance muss im Leitbild und im Führungsverhalten von leitenden Kräften verankert sein und authentisch vermittelt und gelebt werden.
- In der Organisationsentwicklung findet die sozialräumliche Ausrichtung ihren Niederschlag in der Flexibilisierung der Dienstleistungen und in einem konsequenten Quartiersbezug.
- Wichtige Voraussetzungen für sozialraumbezogene Strategien sind kleinräumige Sozialraumanalysen, die sich nicht nur auf sozialstatistische Daten und die Versorgungsstruktur beziehen, sondern durch persönliche Einschätzungen im Rahmen von Quartiersbegehungen und durch Gespräche mit Akteur*innen vor Ort eine qualitative Ausrichtung erfahren. Sie geben Aufschluss über teilhaberelevante Potenziale eines Quartiers und Ansatzpunkte für bereichs- und zielgruppenübergreifende Kooperations- und Vernetzungsstrukturen so-

wie Hinweise auf Bedarfe der Bevölkerung, die aufgegriffen und für inklusive Projekte genutzt werden können (z. B. Einrichtung eines Bürgertreffs).

Neuausrichtung der Wohnangebote

- Teilhabefördernde kleinteilige Wohnkonzepte für Menschen mit komplexem Unterstützungsbedarf orientieren sich an den Prinzipien der Personenzentrierung und Sozialraumorientierung. Kooperationen mit Wohnungsbaugesellschaften tragen dazu bei, dass bereits bei der Planung von Bauprojekten inklusive Ansätze berücksichtigt werden.
- Soziale Beziehungen mit Menschen aus der Nachbarschaft entwickeln sich nicht allein aus räumlicher Nähe. Darum sind beim integrierten Wohnen von Menschen mit schweren Beeinträchtigungen und herausfordernden Verhaltensweisen Konzepte, die das nachbarschaftliche Zusammenleben unterstützen, unerlässlich.
- Das Zusammenleben mit Menschen mit komplexem Unterstützungsbedarf kann gelingen, wenn die Wohnbedürfnisse beider Seiten Berücksichtigung finden, wenn die Mitarbeitenden in den Wohngruppen für sozialraumbezogene Aufgaben qualifiziert sind und wenn die Gruppe in ein Unterstützung gebendes soziales Netzwerk eingebunden ist. Ohne Netzwerke gerät eine kleine Wohneinrichtung in die Gefahr der sozialen Isolation.

Personalentwicklung

- Eine systematische gemeinwesenorientierte Arbeit auf der Basis des Fachkonzepts Sozialraumorientierung muss integraler Bestandteil der professionellen Arbeit im Feld der Behindertenhilfe sein. Der Ansatz soll alle Bereiche (einschließlich besonderer Wohnformen) prägen und auf unterschiedlichen Funktionsebenen umgesetzt werden.
- Die Unterstützung zur Teilhabe für Menschen mit komplexem Unterstützungsbedarf ist fallspezifisch, fallübergreifend und fallunspezifisch zu gestalten. Ausgangspunkt kann die Fokussierung auf die Bedingungen im engen sozialen Umfeld sein. Die notwendige (Um)Gestaltung gemeindenaher Angebote ist hierbei gleichwertig in den Blick zu nehmen.
- Die Weiterbildungen für Mitarbeitende zur Sozialraumorientierung sind flächendeckend umzusetzen. Dabei können gut informierte und eingearbeitete Ehrenamtliche aus dem Sozialraum einbezogen werden.

Methoden

- Bereits erprobte Methoden und Instrumente der Sozialraumanalyse müssen für den Personenkreis der Menschen mit komplexem Unterstützungsbedarf nutzbar gemacht und ggf. angepasst werden. Eine mögliche »advokatorische Sozialraumanalyse« (im Sinne stellvertretender und interpretierender Analysen) muss dabei kritisch reflektiert werden.

- Die Wahrnehmung von Menschen mit komplexem Unterstützungsbedarf ist immer individuell. Instrumente und Methoden der Sozialraumanalyse müssen sich daher am Individuum orientieren und soweit wie möglich von seinem Willen und seinen Vorstellungen ausgehen.
- Gängige sozialräumliche Methoden wie Netzwerkkarten, Nadelmethoden, subjektive Landkarten, Quartiersbegehungen oder auch Instrumente wie der Index für Inklusion zum Wohnen in der Gemeinde (»Unter Dach und Fach«) sowie Ansätze der Unterstützten Kommunikation und insbesondere der Persönlichen Zukunftsplanung bieten unterschiedliche Vorgehensweisen, um sozialraumbezogene Fragestellungen aufzugreifen und umzusetzen. Eine Berücksichtigung biographischer Aspekte im Kontext der Sozialraumanalyse mit Menschen mit komplexem Unterstützungsbedarf ist zudem eine wertvolle Informationsquelle.

Handlungsfeld: Kommunalpolitik

Die Lebenssituation von Menschen mit komplexem Unterstützungsbedarf ist eingebunden in Entscheidungen von Politik und Verwaltung. Akteur*innen der Behindertenhilfe sind aufgerufen, sich in Planungs- und Entscheidungsprozesse einzubringen, damit die Bedarfe und Interessen dieses Personenkreises Berücksichtigung finden.

Einmischung in kommunale Stadt- und Sozialplanungen

- Die lokalen Verantwortungsträger in Stadtplanungsprozessen müssen dafür sensibilisiert werden, dass Menschen mit kognitiven Beeinträchtigungen und komplexem Unterstützungsbedarf Stadtbewohner*innen wie andere sind und dass ihre Bedarfe bei Entwicklung von Infrastrukturen zu berücksichtigen sind.
- Verantwortungsträger in der Sozialplanung müssen sich von tradierten Versorgungskonzepten für den Personenkreis verabschieden und sozialraumbezogene Lösungen für individuelle Unterstützungssettings entwickeln.

Beteiligung an lokalen Entwicklungsprozessen

- Quartiersentwicklungsprojekte stellen sich der Herausforderung, Quartiere so zu gestalten, dass alle dort gut leben können und die dafür notwendige Unterstützung erhalten. Hinsichtlich spezifischer Bedarfe von Menschen mit komplexem Unterstützungsbedarf im Sozialraum müssen sich Träger der Behindertenhilfe von Anfang an bei den Prozessen beteiligen und sich für die Interessen des Personenkreises einsetzen.
- Die im Quartier realisierten Angebote sollten zielgruppenübergreifend gestaltet sein, damit sie bei Bedarf von allen Quartiersbewohner*innen genutzt werden können (z. B. Assistenz- und Pflegedienste, Treffpunkt-Café).

- Inklusion ist in diesem Kontext kein fernes Ziel, sondern ein Gestaltungsprinzip für die Entwicklung von Infrastrukturen, Angeboten und Diensten in allen Lebensbereichen und Unterstützungssystemen, in allen Lebensphasen.
- Sozialraumorientierung kann gesellschaftliche Widersprüche wie soziale Ausgrenzungsprozesse nicht aufheben. Eine konsequente und qualifizierte sozialraumorientierte Arbeit kann jedoch dazu beitragen, mehr Teilhabe zu ermöglichen.

Rechtliche Rahmenbedingungen

- Die im BTHG wiederholt betonte Orientierung der Leistungsgewährung im Sozialraum muss auch für Menschen mit komplexem Unterstützungsbedarf eingelöst werden.
- Es ist darauf hinzuwirken, dass die finanzierte Fachleistung der Teilhabe auch über die Einzelfallhilfe hinausgehende, fallübergreifende und fallunspezifische Elemente zur Erschließung des Sozialraums enthält.
- Der für Menschen mit komplexem Unterstützungsbedarf besonders anspruchsvolle individuelle Weg in den Sozialraum darf nicht durch das ausschließliche Poolen von Leistungen erschwert werden.
- Instrumente zur Bedarfsfeststellung müssen sozialraumorientierte Elemente enthalten sowie deren Umsetzung einfordern.

Literatur

Beck, I. (2008): Personale Orientierung und Netzwerkförderung. In: Deutsche Heilpädagogische Gesellschaft (DHG) (Hrsg.): Sozialraumorientierung in der Behindertenhilfe. Tagungsbericht DHG-Tagung Bonn 2007. Bonn, Jülich: Eigenverlag DHG (DHG-Schrift 14.), S. 45–53.
Beck, I. (2009): Sozialer Raum. In: Vierteljahresschrift für Heilpädagogik und ihre Nachbargebiete (VHN), 78 (4), S. 334–337.
Beck, I. (2016): Historische und aktuelle Begründungslinien, Theorien und Konzepte. In: I. Beck (Hrsg.): Inklusion im Gemeinwesen. Stuttgart: Kohlhammer, S. 7–84.
Bethel (2018): Sozialraum und Sozialraumorientierung in der Eingliederungshilfe. Bethel zum BTHG. Online verfügbar unter: https://www.bethel.de/fileadmin/Bethel/downloads/Aktuelle_Flyer_Broschueren_etc/bthg/2018-10-25_Sozialraum_und_Sozialraumorientierung_in_der_Eingliederungshi....pdf, Zugriff am 28.06.2020.
Budde, W., Früchtel, F. & Loferer, A. (2004): Ressourcencheck. Ein strukturiertes Gespräch über Stärken und was daraus zu machen ist. In: Sozialmagazin, 29 (6), S. 14–22.
Callies, O. (2004): Konturen sozialer Exklusion. In: Mittelweg 36, 13 (4), S. 16–35.
Committee on the Rights of Persons with Disabilities (CRPD) (2015): Abschließende Bemerkungen über den ersten Staatenbericht Deutschlands. Online verfügbar unter: https://www.institut-fuer-menschenrechte.de/fileadmin/user_upload/PDF-Dateien/UN-Dokumente/CRPD_Abschliessende_Bemerkungen_ueber_den_ersten_Staatenbericht_Deutschlands_ENTWURF.pdf, Zugriff am 28.06.2020.
Dahme, H.-J. & Wohlfahrt, N. (2011): Sozialraumorientierung in der Behindertenhilfe: alles inklusive bei niedrigen Kosten? In: Teilhabe, 50 (4), S. 148–154.
Deinet, U. (2009): Analyse- und Beteiligungsmethoden. In: U. Deinet (Hrsg.): Methodenbuch Sozialraum. Wiesbaden: VS Verlag für Sozialwissenschaften, S. 65–86.

Deutsche Heilpädagogische Gesellschaft (DHG) (Hrsg.) (2008): Sozialraumorientierung in der Behindertenhilfe. Tagungsbericht DHG-Tagung Bonn 2007. Bonn, Jülich: Eigenverlag DHG (DHG-Schrift 14).

Deutsches Institut für Menschenrechte (Hrsg.) (2015): Abschließende Bemerkungen über den ersten Staatenbericht Deutschlands (von der Monitoring-Stelle zur UN-Behindertenrechtskonvention beauftragte und geprüfte Übersetzung; keine amtliche Übersetzung der Vereinten Nationen), Berlin. Online verfügbar unter: http://www.institut-fuer-men schenrechte.de/fileadmin/user_upload/PDF-Dateien/UN-Dokumente/CRPD_Abschliessen de_Bemerkungen_ueber_den_ersten_Staatenbericht_Deutschlands_ENTWURF.pdf. Zugriff am 28.06.2020.

Doose, S. (2012): Zukunft gestalten – Hilfe planen. Methoden einer individuellen Hilfe- und Persönlichen Zukunftsplanung. In: N. J. Maier-Michalitsch & G. Grunick (Hrsg.): Leben pur – Wohnen. Erwachsenwerden und Zukunft gestalten mit schwerer Behinderung. Düsseldorf: Verlag Selbstbestimmtes Leben, S. 53–71.

Franz, D. & Beck, I. (2007): Umfeld- und Sozialraumorientierung in der Behindertenhilfe. Empfehlungen und Handlungsansätze für Hilfeplanung und Gemeindeintegration. Hamburg, Jülich: DHG-Eigenverlag (DHG-Schrift 13).

Franz, D. & Beck, I. (2015): Evaluation des Ambulantisierungsprogramms in Hamburg. Forschungsbericht. Hrsg.: Arbeitsgemeinschaft der Freien Wohlfahrtspflege (AGFW) Hamburg e. V. Hamburg. Online verfügbar unter: https://www.agfw-hamburg.de/down load/Ambulantisierung_Abschlussbericht_lang.pdf, Zugriff: 20.07.2020.

Früchtel, F. & Budde, W. (2010): Bürgerinnen und Bürger statt Menschen mit Behinderungen. Sozialraumorientierung als lokale Strategie der Eingliederungshilfe. In: Teilhabe, 49 (2), S. 54–61.

Früchtel, F. & Budde, W. (2011): Mit dem Zufall kooperieren: Philosophie und Methodik fallunspezifischer Arbeit. In: Teilhabe, 50 (4), S. 172–178.

Früchtel, F., Cyprian, G. & Budde, W. (2013a): Sozialer Raum und soziale Arbeit. Textbook: Theoretische Grundlagen. 3., überarbeitete Auflage. Wiesbaden: VS Verlag für Sozialwissenschaften.

Früchtel, F., Cyprian, G. & Budde, W. (2013b): Sozialer Raum und Soziale Arbeit. Fieldbook: Methoden und Techniken. 3., überarbeitete Auflage. Wiesbaden: VS Verlag für Sozialwissenschaften.

Hinte, W. (2008): Sozialraumorientierung. Ein Fachkonzept für Soziale Arbeit. In: Deutsche Heilpädagogische Gesellschaft (DHG) (Hrsg.): Sozialraumorientierung in der Behindertenhilfe. Tagungsbericht DHG-Tagung Bonn 2017. Bonn, Jülich: Eigenverlag DHG (DHG-Schrift 14), S. 15–22. Online verfügbar unter: http://dhg-kontakt.de/wp-con tent/uploads/2015/12/DHG-Schrift-14-Teil-1.pdf, Zugriff am 28.06.2020.

Hinte, W. (2009): Eigensinn und Lebensraum – zum Stand der Diskussion um das Fachkonzept »Sozialraumorientierung«. In: Vierteljahrsschrift für Heilpädagogik und ihre Nachbargebiete (VHN), 78 (1), S. 20–33.

Hinte, W. (2011): Sozialräume gestalten statt Sondersysteme befördern. In: Teilhabe, 50 (3), S. 100–106.

Hinte, W. (2016): Sozialraumorientierung – was ist das eigentlich? In: K. Terfloth, U. Niehoff, T. Klauß & S. Buckenmaier (Hrsg.): Inklusion – Wohnen – Sozialraum. Grundlagen des Index für Inklusion zum Wohnen in der Gemeinde. Marburg: Lebenshilfe-Verlag, S. 78–90.

Hinte, W. (2019): Sozialraumorientierung – Ein Fachkonzept für die Behindertenhilfe. In: Behinderte Menschen, 42 (1), S. 29–35.

Kardorff, E. von (1999): Soziale Netzwerke und gemeindebezogene Strategien zur gesellschaftlichen Eingliederung von Menschen mit geistiger Behinderung. In: J. Eisenberger, M. T. Hahn, C. Hall, A. Koepp & C. Krüger (Hrsg.): Das Normalisierungsprinzip – vier Jahrzehnte danach. Veränderungsprozesse stationärer Einrichtungen für Menschen mit geistiger Behinderung. Reutlingen: Diakonie-Verlag, S. 264–285.

Rohrmann, A., Schädler, J., Wissel, T. & Gaida, M. (2010): Materialien zur örtlichen Teilhabeplanung für Menschen mit Behinderungen. Siegen: ZPE.

Seifert, M. (2010a): Das Gemeinwesen mitdenken – Herausforderungen für die Behindertenhilfe. In: A.-D. Stein, S. Krach & Niediek, I. (Hrsg.): Integration und Inklusion auf dem Weg ins Gemeinwesen. Möglichkeitsräume und Perspektiven. Bad Heilbrunn: Klinkhardt, S. 32–50.

Seifert, M. (2010b): »Kundenstudie« – Bedarf an Dienstleistungen zur Unterstützung des Wohnens von Menschen mit Behinderung. Berlin: Rhombos.

Seifert, M. (2011): Beteiligung von Menschen mit Lernschwierigkeiten an Prozessen der örtlichen Teilhabeplanung für Menschen mit Behinderungen. In: D. Lampke, A. Rohrmann & J. Schädler (Hrsg.): Örtliche Teilhabeplanung mit und für Menschen mit Behinderungen. Theorie und Praxis. Wiesbaden: VS Verlag für Sozialwissenschaften, S. 211–226.

Stock, L. (2004): Sozialraumanalysen als planerische und diagnostische Verfahren. In: M. Heiner (Hrsg.): Diagnostik und Diagnosen in der Sozialen Arbeit. Ein Handbuch. Berlin: Eigenverlag des Deutschen Vereins für Öffentliche und Private Fürsorge, S. 375–389.

Thimm, W. (2005): Tendenzen gemeinwesenorientierter Hilfen – Gesellschaftliche Ausrichtung und fachliche Konsequenzen. In: W. Thimm (Hrsg.): Das Normalisierungsprinzip. Ein Lesebuch zu Geschichte und Gegenwart eines Reformprozesses. Marburg: Lebenshilfe-Verlag, S. 219–236.

Wansing, G. (2005b): Die Gleichzeitigkeit des gesellschaftlichen »Drinnen und Draußen« von Menschen mit Behinderung. In: E. Wacker, I. Bosse, T. Dittrich, U. Niehoff, M. Schäfers, G. Wansing & B. Zalfen (Hrsg.): Teilhabe. Wir wollen mehr als nur dabei sein. Marburg: Lebenshilfe-Verlag, S. 21–33.

Weber, E., Knöß D. C. & Lavorano, S. (2016). Qualifizierte Hilfeplanung und -beratung in der Eingliederungshilfe – Erkenntnisse aus Evaluationsstudien im Rheinland. In: M. Schäfers & G. Wansing (Hrsg.): Teilhabebedarfe behinderter Menschen – Zwischen Lebenswelt und Hilfesystem. Stuttgart: Kohlhammer, S. 109–132.

7 Teilhabe am Arbeitsleben

Wenn *gesellschaftliche Teilhabe und Inklusion* von Menschen mit kognitiver Beeinträchtigung und komplexem Unterstützungsbedarf thematisiert wird, bleibt die Teilhabe am Arbeitsleben häufig unberücksichtigt. Teilhabe wird, mehr oder weniger klar benannt, auf die nicht-wirtschaftlichen Bereiche unserer Gesellschaft bezogen: Freizeit, Bildung, Kultur oder Breitensport. Die gesamte Arbeitswelt bleibt wie selbstverständlich ausgespart.

Mit dem Standard »Teilhabe am Arbeitsleben« sollen *Strukturen, Prozesse und Handlungsempfehlungen* benannt werden, um für Menschen mit komplexem Unterstützungsbedarf eine Teilhabe am Arbeitsleben zu ermöglichen. Dabei ist auch kritisch zu reflektieren, welche strukturellen Barrieren einer Teilhabe am Arbeitsleben unabhängig vom Unterstützungsbedarf derzeit entgegenstehen.

Es soll dabei nicht um die dogmatische Verordnung von Arbeit gehen, wohl aber um das Recht jedes Menschen mit Behinderung, unabhängig von seinem Unterstützungsbedarf am Arbeitsleben teilhaben zu können. Teilhabe heißt nicht, alles zu können, was die anderen können, sondern am Leben teilzunehmen. Dies ist immer Möglichkeit und nicht Pflicht.

7.1 Fachliche Herausforderungen

Das Recht auf Teilhabe am gesellschaftlichen Leben schließt das Recht auf Teilhabe am Arbeitsleben ein (Art. 27 UN-BRK). Arbeit ist »für die deutsche Gesellschaft als konstitutiv einzuordnender Legitimations- und Teilhabefaktor« zu sehen.[142] Der Teilhabe am Arbeitsleben kommen Funktionen wie Sinnerfüllung, Identitätsbildung, Selbstständigkeit, Selbstverantwortung, Bildung von Sozialstrukturen, Strukturierung des Lebens und Gewährleistung von Sozialkontakten zu[143]. Das Recht auf Teilhabe am Arbeitsleben ist nicht an Voraussetzungen gebunden.

---

142 Bendel et al. 2015, 18
143 vgl. Jahoda 1983

Strukturelle Bedingungen

Blickt man auf die Landschaft arbeitsbezogener Maßnahmen als Ganzes, lässt sich eine implizite Grundidee beschreiben, anhand derer das übergeordnete Ziel der Teilhabe am Arbeitsleben verfolgt wird. Diese Grundidee beinhaltet eine gedachte *Abfolge von Arbeits- und Beschäftigungssettings*, die bei einer regulären, sozialversicherungspflichtigen Anstellung auf dem allgemeinen Arbeitsmarkt beginnt, sich in arbeitsmarktnahen Arrangements fortsetzt und – in stetig steigender Entfernung vom Arbeitsmarkt – schließlich in Angeboten mündet, die stark von pflegerischen und heilpädagogischen Maßnahmen geprägt sind. Der mit dieser Grundidee verbundene Anspruch soll jeder leistungsberechtigten Person den Zugang in einem für sie passenden Setting dieser Abfolge ermöglichen. Von dort soll auf den Übergang in das nächste Setting hingewirkt werden.

Für Menschen mit kognitiver Beeinträchtigung und komplexem Unterstützungsbedarf gibt es nach aktueller Rechtslage keine Ansprüche auf Angebote zur Teilhabe am Arbeitsleben. Selbst zur *Sonderarbeitswelt der Werkstatt für behinderte Menschen (WfbM)* erhalten sie nur Zugang, wenn ein nicht näher definiertes »Mindestmaß an wirtschaftlich verwertbarer Arbeitsleistung« erbracht oder prognostiziert werden kann.[144]

In der Regel besuchen Menschen mit kognitiver Beeinträchtigung und komplexem Unterstützungsbedarf *Tages(förder)stätten, Fördergruppen, Förderbereiche* oder erhalten nur eine »heiminterne Tagesstruktur«. Inhalte und Konzepte dieser tagesstrukturierenden Einrichtungen sind nahezu beliebig. Teilhabe am gesellschaftlichen Leben oder sogar am Arbeitsleben stehen vielfach nicht im Mittelpunkt. Es fehlen Angebote zur Berufsorientierung, der arbeitsweltbezogenen Bildung und der Teilhabe am Arbeitsleben außerhalb von Sondereinrichtungen. Allgemein verbindliche Anforderungen und Standards für solche tagesstrukturierenden Maßnahmen gibt es nicht. Die konzeptionelle Ausgestaltung obliegt den Leistungserbringern. Teilhabechancen werden somit wesentlich durch den Wohnort bestimmt.[145]

In Deutschland finden sich derzeit *verschiedenste Organisationsmodelle* für die Beschäftigung bzw. Tagesstrukturierung von Menschen mit komplexem Unterstützungsbedarf:

- Integration in eine Werkstatt für behinderte Menschen (WfbM)
- Förderbereich einer WfbM mit Werkstattstatus der Beschäftigten
- Förderbereich einer WfbM ohne Werkstattstatus der Beschäftigten
- eigenständige Tagesstätte oder Tagesförderstätte
- heiminterne Tagesstrukturierung im Rahmen stationärer Einrichtungen bzw. künftiger gemeinschaftlicher Wohnformen,
- andere.

---

144 zum abweichenden NRW-Weg siehe unten
145 AK BiT 2017, 1

Immer noch (und wieder zunehmend) finden sich Ansätze, in denen Menschen mit komplexem Unterstützungsbedarf nur eine Tagesstruktur innerhalb ihrer Wohneinrichtung zur Verfügung steht. Dies mag in wenigen – durch einen spezifischen Unterstützungsbedarf begründeten – Einzelfällen angemessen sein, widerspricht aber dem »*Zwei-Milieu-Prinzip*«, das bereits im Normalisierungsprinzip verankert ist und auch dem heutigen Verständnis der Teilhabe am gesellschaftlich-kulturellen Leben entspricht, sich in mindestens zwei Lebensbereichen bzw. Milieus zu bewegen. Teilhabe ermöglichen heißt auch, Menschen die Möglichkeit zu geben, Erfahrungen und soziale Kontakte in mindestens zwei räumlich getrennten Milieus zu erleben. Es geht dabei nicht nur um die räumliche und personelle Trennung. Entscheidend für das zweite Milieu ist, was dort geschieht. Der Ort der Nicht-Arbeit, der Privatheit und Intimität ist die Wohnung. Arbeit findet hierzulande und heutzutage im zweiten Milieu statt.[146]

Arbeitsweltbezogene Teilhabe

In den letzten Jahren haben sich mehrere Initiativen für den Anspruch auf Teilhabe von Menschen mit kognitiven Beeinträchtigungen und komplexem Unterstützungsbedarf am Arbeitsleben eingesetzt,[147] so auch die DHG im Rahmen des DHG-Preises 2012.[148] Darüber hinaus wurden innovative Konzepte und Praxismodelle entwickelt:

- Die Handlungsempfehlung zur Teilhabe am Arbeitsleben von Menschen mit hohem Unterstützungsbedarf des *Bundesverbandes evangelische Behindertenhilfe* sieht die Teilhabe am Arbeitsleben im Rahmen einer WfbM auch für Menschen mit hohem Unterstützungsbedarf realisierbar, so dass »die doppelte Exklusion des Personenkreises fachlich nicht mehr länger vertreten werden kann«.[149]
- Der »*Aktionskreis Bildung ist Teilhabe*« entwickelte »Empfehlungen zur Qualitätssicherung und Weiterentwicklung von Angeboten zur Teilhabe am Arbeitsleben für Menschen mit hohem Unterstützungsbedarf«.[150]
- In Modellprojekten der *BAG Unterstützte Beschäftigung* wurden ein »Leitfaden zum Aufbau von arbeitsweltbezogenen Teilhabeangeboten in Betrieben und im Sozialraum für Menschen mit komplexem Unterstützungsbedarf« entwickelt und Praxisbeispiele (auch als Videofilme) zusammengestellt.[151]

---

146 vgl. Becker 2016, 78ff.
147 z. B. eine verbändeübergreifende Initiative unter Einschluss der DHG 2016: »Teilhabe statt Ausgrenzung« (Positionspapier 2016); auch die Bundesvereinigung Lebenshilfe mit einem Positionspapier »Teilhabe am Arbeitsleben für alle« (Bundesvereinigung Lebenshilfe 2017)
148 http://dhg-kontakt.de/dhg-preis/
149 BeB 2010, 10
150 AK BiT 2017
151 Blesinger 2017 – https://www.bag-ub.de/arbeitsweltbezogene-teilhabe sowie https://www.bag-ub.de/projekte/win

> Wegweisend erscheint dabei insbesondere das *Konzept einer arbeitsweltbezogenen Teilhabe* unabhängig vom Unterstützungsbedarf, insofern der Arbeitsbegriff erweitert und mit der *Möglichkeit lebenslanger Bildung* verknüpft wird. So wird im Zuge der *Personenzentrierung* der Fokus vor allem auf niedrigschwellige und individuell angepasste Angebote gelegt.

Individuell passende Arbeitsmöglichkeiten werden auch außerhalb von Sondereinrichtungen wie WfbM oder Tagesstätten erschlossen, z. B. in Betrieben und im Sozialraum. Beispielhaft seien das Laubfegen in einem Park, der Aktentransport in einer Behörde, das Zerkleinern von Kartonagen in einem Kaufhaus und das Herstellen von Smoothies für den Verkauf im Quartier genannt.[152] Teilhabe am Arbeitsleben realisiert sich somit wesentlich im Gemeinwesen und dort in gemeinsamer Tätigkeit. Dabeisein ist nicht alles. »Teilhabe ist aktiv: Sie wird durch soziales Handeln und in sozialen Beziehungen angestrebt und verwirklicht.«[153]

Eine fachliche Grundlage für gesellschaftliche Teilhabe ist das *Fachkonzept Sozialraumorientierung*.[154] Sozialraumorientierung und Personenzentrierung schließen sich dabei nicht aus, sondern bedingen einander und sind gemeinsam die fachliche Basis für eine Teilhabe am Arbeitsleben von Menschen mit kognitiver Beeinträchtigung und komplexem Unterstützungsbedarf.

Menschen mit komplexem Unterstützungsbedarf haben in der Regel keine Netzwerke und sind auch nicht im Quartier präsent, sondern »unsichtbar«.[155] Durch sozialräumliche Teilhabe am Arbeitsleben können sie in sozialen Rollen wahrgenommen werden, die die Gemeinsamkeit mit Menschen ohne Behinderung aufzeigen und nicht ihre Besonderheit herstellen. Im Rahmen der Teilhabeplanung ist es eine fachliche Aufgabe, für und mit jedem einzelnen Menschen mit komplexem Unterstützungsbedarf arbeitsweltbezogene Sozialräume zu erkunden, zu gestalten und soziale Prozesse zu initiieren. Dabei lernen die Menschen ihre Neigungen, Interessen und Fähigkeiten kennen, »entwickeln neue Kompetenzen, machen neue Erfahrungen von Zeitabläufen, Arbeitswegen und Teamarbeit, werden tätig, begreifen sich dadurch als Teil der Gesellschaft, erfahren Anerkennung für ihr Tun und treten in vielfältigen Kontakt mit anderen Personen in der Öffentlichkeit, ohne dass es um ihre Behinderung oder ihren Unterstützungsbedarf geht«.[156]

---

152 vgl. »Ideenpool für die Praxis« in: Blesinger 2017, 71ff.
153 Bartelheimer 2007, 8
154 ausführlicher zum Fachkonzept Sozialraumorientierung s. Kap. 6 (Teilhabe im Sozialraum) dieser Standards
155 Seifert 2010a
156 Blesinger 2017, 22

7.2 Rechtliche Aspekte

Hinsichtlich der Teilhabe am Arbeitsleben sind menschenrechtliche Aspekte und sozialrechtliche Vorgaben von Bedeutung.

Menschenrechtliche Aspekte

Die *Behindertenrechtskonvention (UN-BRK)* fordert das Recht auf den Zugang zur Arbeitswelt unabhängig vom Unterstützungsbedarf. Die Vertragsstaaten verpflichten sich,

- »das gleiche Recht von Menschen mit Behinderungen auf Arbeit« anzuerkennen, »in einem offenen, integrativen und für Menschen mit Behinderungen zugänglichen Arbeitsmarkt und Arbeitsumfeld« (Art. 27 Abs. 1 UN-BRK);
- das »Sammeln von Arbeitserfahrung auf dem allgemeinen Arbeitsmarkt durch Menschen mit Behinderungen zu fördern« (Art. 27, Abs. 1j UN-BRK);
- sicherzustellen, dass Menschen mit Behinderungen »gleichberechtigt mit anderen Zugang zu (...) Berufsausbildung, Erwachsenenbildung und zu lebenslangem Lernen« haben (Art. 24, Abs. 5 UN-BRK);
- durch geeignete Maßnahmen »die Einbeziehung in die Gemeinschaft und die Gesellschaft in allen ihren Aspekten sowie die Teilhabe daran« zu unterstützen und sie »so gemeindenah wie möglich zur Verfügung« zu stellen. (Art. 26, Abs. 1b UN-BRK).

2015 hat der *UN-Fachausschuss für die Rechte von Menschen mit Behinderungen* die Umsetzung der UN-BRK in Deutschland anhand des Ersten Staatenberichts der Bundesregierung geprüft und das Werkstattsystem in seiner heutigen Form gerügt. So kritisiert der Ausschuss »finanzielle Fehlanreize, die Menschen mit Behinderungen am Eintritt oder Übergang in den allgemeinen Arbeitsmarkt hindern«, und »den Umstand, dass segregierte Werkstätten für behinderte Menschen weder auf den Übergang zum allgemeinen Arbeitsmarkt vorbereiten noch diesen Übergang fördern«. Er empfiehlt »die schrittweise Abschaffung der Werkstätten für behinderte Menschen durch sofort durchsetzbare Ausstiegsstrategien und Zeitpläne sowie durch Anreize für die Beschäftigung bei öffentlichen und privaten Arbeitgebern im allgemeinen Arbeitsmarkt«.[157]

Sozialrecht

Die Leistungen zur *Teilhabe am Arbeitsleben* sind in Kapitel 10 des SGB IX geregelt. Sie umfassen eine Vielzahl von Maßnahmen, die sich wesentlich in ihren

---

157 CRPD 2015, 9

Zielgruppen, Rechtsgrundlagen und jeweiliger Erbringungspraxis unterscheiden (§ 49ff SGB IX).

Die *Exklusion aus dem Arbeitsleben* manifestiert sich sowohl für den Arbeitsbereich (§ 58 Abs. 1 SGB IX und § 219 Abs. 2 SGB IX) wie auch für den Bereich beruflicher Bildung (§ 57 Abs. 1(2) SGB IX). Danach erhalten Menschen, bei denen »trotz einer der Behinderung angemessenen Betreuung eine erhebliche Selbst- oder Fremdgefährdung zu erwarten ist oder das Ausmaß der erforderlichen Betreuung und Pflege die Teilnahme an Maßnahmen im Berufsbildungsbereich oder sonstige Umstände ein Mindestmaß wirtschaftlich verwertbarer Arbeitsleistung im Arbeitsbereich dauerhaft nicht zulassen« (§ 219 Abs. 2 SGB IX), weiterhin keinen Zugang zur Sonderarbeitswelt der WfbM. Einen eigenen Weg geht das Bundesland NRW, wo auch »Menschen mit hohem und/oder besonderem Unterstützungsbedarf« sozialversicherungspflichtig in eine WfbM aufgenommen werden, »sofern ein Mindestmaß an aktiver und zielgerichteter Handlungsfähigkeit vorliegt (NRW-Weg)«. Ein Ausschluss besteht jedoch auch weiterhin, wenn »trotz angemessener Betreuung ein hohes Maß an Selbst- und Fremdgefährdung besteht«.[158]

Die Gelegenheit, mit dem BTHG das »*Mindestmaß an wirtschaftlich verwertbarer Arbeitsleistung*« (§§ 57 SGB IX, 58 SGB IX und 219 SGB IX) abzuschaffen, wurde vom Gesetzgeber trotz entsprechender Plädoyers von Fachverbänden nicht ergriffen. Menschen mit komplexem Unterstützungsbedarf bleiben damit weiterhin von Leistungen zur Teilhabe am Arbeitsleben und von Maßnahmen der beruflichen Bildung ausgeschlossen.

> »Leistungsfähigkeit im Sinne wirtschaftlich verwertbarer Arbeitsleistung entspricht einer inklusionsfeindlichen, marktorientierten, betriebswirtschaftlich geprägten Sichtweise, die den Anforderungen an ein menschenrechtsbasiertes Teilhaberecht nicht gerecht wird.«[159]

Menschen mit komplexem Unterstützungsbedarf können auch nach Inkrafttreten des BTHG ihre Ansprüche auf arbeitsbezogene Teilhabeleistungen weiterhin nur auf *Leistungen zur Sozialen Teilhabe*, insbesondere als Assistenzleistung und als Leistungen zum Erwerb und Erhalt praktischer Kenntnisse und Fähigkeiten (§ 113 Abs. 2 Nr. 2 und 5 SGB IX in Verbindung mit §§ 78 SGB IX, 81 SGB IX sowie § 116 Abs. 2 SGB IX) erhalten. Ob dieser Anspruch überhaupt und ggf. dann in welcher Form, also auch im Rahmen von Tagesstätten, mit dem BTHG weiter gesichert ist, hängt von den jeweiligen Landesrahmenverträgen in den einzelnen Bundesländern ab.[160]

---

158 LVR 2019a
159 AK BiT 2017, 2
160 Für NRW ist z. B. diese Tagesstruktur in Form eines »Fachmoduls Tagesstruktur und Schulungen« in »eigens für die Tagesstruktur vorgehaltenen Räumlichkeiten im zweiten Lebensraum« weiter vereinbart, vgl. LVR 2019b

7.3 Fachliche Standards

Die bisherige Grundidee der Eingliederungshilfe, Menschen mit komplexem Unterstützungsbedarf in Tagesstätten und Fördergruppen so lange zu fördern, bis sie in die Werkstatt für behinderte Menschen (WfbM) eingegliedert werden können, die wiederum weiter fördert bis zur Eingliederungsfähigkeit in den allgemeinen Arbeitsmarkt, hat nie funktioniert und widerspricht den Grundgedanken der Inklusion und dem Anspruch auf eine voraussetzungslose Teilhabe für alle Menschen mit Behinderung. Ein *modernes Teilhabeverständnis* im Sinne der UN-BRK sieht Leistungen der Eingliederungshilfe nicht vorrangig als Förderung von Fähigkeiten, sondern als Gestaltung der Teilhabe am gesellschaftlichen Leben. Teilhabe setzt kein »Mindestmaß« an Fähigkeiten voraus.

Strukturelle Aspekte

Es geht nicht darum, zum jetzigen Zeitpunkt Einrichtungen wie Werkstätten oder Tagesstätten abzuschaffen, sondern durch Veränderung ihrer Praxis die Ideologie der Exklusion zu überwinden, indem sie »anregende Orte in ihrer Umgebung« suchen, an denen Menschen mit komplexem Unterstützungsbedarf »mitarbeiten und sich mit ihren Leistungen und ihren Möglichkeiten einbringen können«.[161]

Strukturelle Aspekte einer veränderten Praxis:

- Ansätze arbeitsweltbezogener Teilhabeangebote in Betrieben und im Sozialraum für Menschen mit komplexem Unterstützungsbedarf sind zu erhalten und weiterzuentwickeln.
- Auch bei der Mitarbeit im Sozialraum sind barrierefreie Räumlichkeiten für begleitende Angebote, Rückzug, Entspannung und lebenspraktische Begleitung notwendig.
- Der Tagesablauf ist personenzentriert zu strukturieren. Perspektivisch verträgt sich personenzentrierte Teilhabe am Arbeitsleben nicht mit festen Öffnungszeiten einer Einrichtung.
- Die Tätigkeit im Sozialraum und in sozialen Netzwerken wird zu einem wichtigen Bestandteil der Aufgabe von Mitarbeitenden arbeitsweltbezogener Dienste.
- Einrichtungen hinterfragen eigene Strukturen und Traditionen und suchen nach Möglichkeiten für arbeitsweltbezogene Teilhabeangebote.
- Um einen Wechsel von der Institutionszentrierung zu personenzentrierten Angeboten einzuleiten, werden Prozesse der Organisationsentwicklung begonnen.[162]

---

161 AK BiT 2017, 4
162 Becker & Juterczenka 2017

Arbeitsangebote und Handlungskonzept

»Gute Teilhabe am Arbeitsleben für Menschen mit hohem Unterstützungsbedarf ist nachhaltig, langfristig und bietet erlebbare Strukturen. Durch sie werden Kontakt zu Menschen und Raum für Begegnungen geschaffen. Im Mittelpunkt stehen die Nutzer*innenzufriedenheit und nicht von Fachleuten gesetzte Förderziele. Die derzeitige Gesetzesgrundlage ermöglicht keine Bezahlung, trotzdem soll eine individuelle Form der Anerkennung vereinbart sein.«[163]

- Gute Teilhabe am Arbeitsleben bietet und erfordert Nachhaltigkeit und Zuverlässigkeit: Es ist nötig, »eine Tagesstruktur mit dem jeweiligen Menschen zu entwickeln, die es diesem erlaubt, Gewohnheiten und zuverlässige Erwartungen aufzubauen«.[164]
- Kontakt zu Menschen und Raum für Begegnungen eröffnen viele neue Erfahrungen und Lernmöglichkeiten.
- Sinnvolle Arbeitsangebote ermöglichen ein gemeinsames Tun und soziale Kontakte.
- Menschen mit komplexem Unterstützungsbedarf sind an Entscheidungsprozessen zu beteiligen. »Dies betrifft die Beschäftigungszeit, Angebotsauswahl und die Nutzung der Einrichtung mit jeweils angemessener Auswahlmöglichkeit.«[165]
- Eine Erhebung der Nutzer*innenzufriedenheit ist wichtiger als von außen gesetzte »Förderziele«.
- Durch eine individuelle Form der Anerkennung oder Vergütung erleben Menschen mit komplexem Unterstützungsbedarf persönliche Wertschätzung.
- Der Zugang zu arbeitsweltbezogener Bildung schafft die Voraussetzung für lebenslanges Lernen.
- »Die Methoden und Grundsätze der Persönlichen Zukunftsplanung bieten eine Möglichkeit, Wünsche und Ressourcen zur Teilhabe am Arbeitsleben und arbeitsweltbezogenen Bildung zu erkennen und zu entwickeln.«[166]
- Die Entscheidung über die Handlungskonzepte in arbeitsweltbezogenen Einrichtungen und Diensten liegt bei den jeweiligen Leistungserbringern und deren Fachkräften. Für diese folgt daraus der fachliche Auftrag, ihre Freiräume innerhalb der gesetzlichen Rahmenbedingungen zu nutzen.
- Welche Möglichkeiten sich für betriebliche und sozialräumliche Teilhabe am Arbeitsleben von Menschen mit komplexem Unterstützungsbedarf eröffnen können, hängt von den jeweiligen örtlichen oder regionalen Gegebenheiten und Vereinbarungen unter den beteiligten Akteuren ab. Die inzwischen große Zahl erfolgreicher Praxismodelle liefert vielfältige Anregungen.[167]

---

163 Becker 2020, 137
164 Fröhlich 2011, 237
165 AK BiT 2017, 3
166 AK BiT 2017, 3
167 zu verweisen ist vor allem auf *Videodokumentationen* wie Aktion »Arbeit möglich machen« (http://dhg-kontakt.de/aktuelles/ (Teilhabe am Arbeitsleben); BAG-UB (https://www.bag-ub.de/arbeitsweltbezogene-teilhabe) *einzelnen Dokumentationen* wie der ASB-

Anforderungen an Mitarbeitende

Arbeitsweltbezogene Teilhabe erfordert eine veränderte Fachlichkeit:

- Grundlagen sind in der Regel eine qualifizierte Fachschulausbildung, gute Arbeitsbedingungen und eine angemessene Bezahlung.
- Mitarbeitende richten ihr berufliches Wirken auf die Gestaltung von Teilhabe; sie reflektieren dabei ihre eigene Einstellung zu Arbeit und Leistung.
- Mitarbeitende setzen sich mit Unterschieden des professionellen Selbstverständnisses hinsichtlich der Teilhabe am Arbeitsleben und arbeitsweltbezogener Bildung und tradierten Konzepten wie Förderung/Betreuung auseinander.
- Mitarbeitende können Nischen-Arbeitsprozesse erkennen und entwickeln. Sie haben die Fähigkeit zur Systematisierung und Strukturierung von Arbeitsprozessen.
- Mitarbeitende sind für sozialraumorientiertes Arbeiten und die Bildung von Netzwerken qualifiziert. Sie sind vertraut mit dem Quartier ihres Dienstes und dort mit den Nutzer*innen präsent.
- Mitarbeitende haben die Fähigkeit, sich in der Arbeitswelt zu bewegen und die Perspektive der Akteure und Partner im Sozialraum einzubeziehen.
- Mitarbeitende haben ein Bewusstsein für die Bedeutung der Arbeit in der Öffentlichkeit und sind motiviert, öffentlich zu arbeiten.
- Mitarbeitende haben die Bereitschaft zur Weiterbildung und -entwicklung.
- Mitarbeitende sind in der Lage, den Willen und die Fähigkeiten von Menschen mit kognitiver Beeinträchtigung und komplexem Unterstützungsbedarf zu erkunden, zu entwickeln und dafür passgenaue Teilhabemöglichkeiten zu finden und zu gestalten.[168]
- Die fachlichen Grundlagen zur Teilhabe am Arbeitsleben von Menschen mit komplexem Unterstützungsbedarf müssen Eingang in die Curricula und Prüfungsbedingungen von Ausbildungen betreffender Fachkräfte finden.

Beispiele aus verschiedenen Institutionen und Einrichtungen zeigen: Betriebliche und sozialräumliche Teilhabe am Arbeitsleben von Menschen, denen amtlicherseits bescheinigt wurde, dass sie nicht in der Lage seien, ein Mindestmaß wirtschaftlich verwertbarer Arbeitsleistung zu erbringen, ist möglich, unabhängig von Art und Schwere der Behinderung.[169]

Tagesstätte Bremen (https://www.asb-bremen.de/application/files/5615/2845/6513/SOHI_Broschure_bei_der_Arbeit_2017-04-12_0.5_Seiten.pdf); **Kiez-Aktionen der Lebenshilfe Berlin** (https://www.lebenshilfe-berlin.de/de/bildung-arbeit-beschaeftigung/tagesfoerderstaetten/neukoelln.php)*Initiativen* wie Arbeit und Begegnung e. V. Walsrode (http://www.arbeit-und-begegnung.de/), **ifs-spagat Vorarlberg** (https://www.ifs.at/spagat.html)
168 vgl. AK BiT 2017, 5
169 vgl. Blesinger 2017; Becker 2016

Literatur

Aktionskreis Bildung ist Teilhabe (AK BiT) (2017): Empfehlungen zur Qualitätssicherung und Weiterentwicklung von Angeboten zur Teilhabe am Arbeitsleben für Menschen mit hohem Unterstützungsbedarf. Behindertenpädagogik, 57 (2), S. 178–189. Online verfügbar unter: http://heinz-becker-bremen.de/teilhabe-am-arbeitsleben/, Zugriff am 28.06. 2020.

Bartelheimer, P. (2007): Politik der Teilhabe. Ein soziologischer Beipackzettel. Fachforum Friedrich-Ebert-Stiftung, Arbeitspapier Nr. 1/2007. Online verfügbar unter: http://library.fes.de/pdf-files/do/04655.pdf, Zugriff am 28.06.2020.

Bundesverband evangelische Behindertenhilfe (BeB)(2010): Teilhabe am Arbeitsleben von Menschen mit hohem Unterstützungsbedarf. Handlungsempfehlung. Online verfügbar unter: https://www.beb-ev.de/files/pdf/stellungnahmen/2010-02_handlungsempfehlung_t aa_hoher_unterstuetzungsbedarf.pdf, Zugriff am 28.06.2020.

Becker, H. (2016): … inklusive Arbeit. Das Recht auf Teilhabe an der Arbeitswelt auch für Menschen mit hohem Unterstützungsbedarf. Weinheim, Basel: Beltz.

Becker, H. (2019): Die Öffnung der »verschlossenen Welten«. Personzentriertes Arbeiten im Gemeinwesen. In: Behinderte Menschen, 42 (1), S. 37–44.

Becker, H. (2020): Teilhabe am Arbeitsleben für Menschen mit hohem Unterstützungsbedarf. In: J. Walter & D. Basener (Hrsg.): Weiter entwickeln – aber wie? Beiträge zur Zukunft der beruflichen Teilhabe von Menschen mit Behinderung. Kassel: 53° Nord, S. 135–143

Becker, H. & Jutercenka, W. (2017): Aus der Tagesstätte in den Sozialraum und die Betriebe: Neue Ziele und Herausforderungen für die Organisation. In: Impulse, Nr. 81, 2/2017, S. 12–19.

Bendel, A., Richter, C. & Richter, F. (2015): Entgelt und Entgeltordnungen in Werkstätten für Menschen mit Behinderungen. Bonn: Friedrich-Ebert-Stiftung.

Blesinger, B. (2017): »Zeit für Arbeit – mittendrin!« Leitfaden zum Aufbau von arbeitsweltbezogenen Teilhabeangeboten in Betrieben und im Sozialraum für Menschen mit komplexem Unterstützungsbedarf. Online verfügbar unter: https://www.bag-ub.de/dl/projek te/zfa/Arbeitshilfe_Zeit_fuer_Arbeit_AM.pdf; Informationen zum Projekt: https://www. bag-ub.de/arbeitsweltbezogene-teilhabe, Zugriff am 28.06.2020.

Bundesvereinigung Lebenshilfe (2017): Positionspapier. Teilhabe am Arbeitsleben für alle. Online verfügbar unter: https://www.lebenshilfe.de/informieren/arbeiten/teilhabe-am-ar beitsleben/, Zugriff am 28.06.2020.

Committee on the Rights of Persons with Disabilities (CRPD) (2015): Abschließende Bemerkungen über den ersten Staatenbericht Deutschlands. Online verfügbar unter: https://www.institut-fuer-menschenrechte.de/fileadmin/user_upload/PDF-Dateien/UN-Do kumente/CRPD_Abschliessende_Bemerkungen_ueber_den_ersten_Staatenbericht_Deuts chlands_ENTWURF.pdf, Zugriff am 28.06.2020.

Deutsches Institut für Menschenrechte (2016): Inklusiver Arbeitsmarkt statt Sonderstrukturen. Warum wir über die Zukunft der Werkstätten sprechen müssen. Monitoring-Stelle UN-Behindertenrechtskonvention. Position Nr. 2. Online verfügbar unter: https://www. institut-fuer-menschenrechte.de/fileadmin/user_upload/Publikationen/POSITION/Positi on__Inklusiver_Arbeitsmarkt_statt_Sonderstrukturen.pdf, Zugriff am 28.06.2020.

Fröhlich, A. (2011): Aktivitäten des täglichen Lebens schwerstbehinderter Menschen. In: A. Fröhlich, N. Heinen, T. Klauß & W. Lamers (Hrsg.): Schwere und mehrfache Behinderung – interdisziplinär. Oberhausen: Athena, S. 229–240.

Hinte, W. (2019): Sozialraumorientierung – Ein Fachkonzept für die Behindertenhilfe. In: Behinderte Menschen, 42 (1), S. 29–35.

Jahoda, M. (1983): Wieviel Arbeit braucht der Mensch? Arbeit und Arbeitslosigkeit im 20. Jahrhundert. Weinheim: Beltz.

Landschaftsverband Rheinland (LVR) (2019a): Rahmenvereinbarung zur Weiterentwicklung und Umsetzung des NRW-Weges zur Teilhabe am Arbeitsleben für Menschen mit sehr hohem und/oder sehr besonderem Unterstützungsbedarf vom 21.10.2019. Online

verfügbar unter: https://dom.lvr.de/lvis/lvr_recherchewww.nsf/0/3F68BBBC9A6D1AA3C12584A40041627E/$file/Vorlage14_3718.pdf, Zugriff am 28.06.2020.
Landschaftsverband Rheinland (LVR) (2019b): Rahmenleistungsbeschreibung Fachmodul Tagesstruktur und Schulungen. Online verfügbar unter: https://www.lwl.org/spur-download/rahmenvertrag/Anlage_A_05_07_RLB_Fachmodul_Tagesstruktur+Schulungen_190626.pdf, Zugriff am 28.06.2020.
Pörtner, M. (2019): Ernstnehmen – zutrauen – verstehen. 13. Auflage. Stuttgart: Klett-Cotta.
Positionspapier (2016): Teilhabe statt Ausgrenzung! Jetzt den Rechtsanspruch auf berufliche Bildung und Teilhabe am Arbeitsleben für ALLE Menschen mit Behinderungen sicherstellen! Unterzeichnet von DHG und weiteren Fachverbänden und Interessenvertretungen. Online verfügbar unter: http://dhg-kontakt.de/wp-content/uploads/2016/08/Positionspapier-Teilhabe-statt-Ausgrenzung-August-2016.pdf, Zugriff am 28.06.2020.
Seifert, M. (2010a): Chancen für Menschen mit komplexen Bedarfslagen durch die UN-Behindertenrechtskonvention?! In: Behindertenpädagogik, 49 (4) S. 384–399.

8 Zielperspektive Lebensqualität

Die in diesem Band vorgelegten DHG-Standards sind Bausteine für eine subjektiv zufriedenstellende Lebenssituation von Menschen mit komplexem Unterstützungsbedarf. Sie sind eingebettet in das mehrdimensionale *Konzept der Lebensqualität*, das international als Schlüsselkonzept für personbezogene Planung, Gestaltung und Evaluation von Dienstleistungen gilt. Es hat Schnittstellen zu der im BTHG vorgeschriebenen Orientierung an den Kategorien der ICF, öffnet aber durch die Einbeziehung der subjektiven Perspektive den Blick auf die Wirkung der Dienstleistungen auf die individuell erlebte Lebensqualität. Von daher ist der Lebensqualität-Ansatz als fachlicher Rahmen für die Arbeit mit Menschen mit komplexem Unterstützungsbedarf besonders geeignet.

Das Konzept umfasst acht *Kerndimensionen*[170]:

- Emotionales Wohlbefinden
- Zwischenmenschliche Beziehungen
- Materielles Wohlbefinden
- Persönliche Entwicklung
- Physisches Wohlbefinden
- Selbstbestimmung
- Soziale Inklusion
- Rechte

Alle Dimensionen stehen miteinander in Wechselwirkung. Sie zeigen das *Zusammenspiel von personbezogenen Faktoren, Umweltbedingungen und gesellschaftlichen Aspekten* von Lebensqualität.

Bei der Einschätzung der individuellen Lebensqualität in den genannten Bereichen werden jeweils *objektive Bedingungen* und *subjektives Wohlbefinden* miteinander verknüpft, unter besonderer Berücksichtigung der *persönlichen Werte und Ziele*.[171]

- *Objektive Bedingungen* betreffen materielle, strukturelle, organisationsbezogene, konzeptionelle und personale Gegebenheiten. Sie werden auf der Basis der Leitbilder der Behindertenhilfe und der fachlichen Standards bewertet.
- Gradmesser des *subjektiven Wohlbefindens* ist die persönliche Zufriedenheit unter den jeweils gegebenen Bedingungen. Hier erfolgt die Einschätzung der Le-

---

170 vgl. Schalock et al. 2007
171 vgl. Felce & Perry 1997

benssituation aus der Perspektive der Menschen mit Behinderung. Orientierungspunkt sind ihre eigenen Vorstellungen von einem »guten« Leben.

> Das subjektive Wohlbefinden resultiert aus der *Passung zwischen individuellen Bedürfnissen und Interessen und den jeweils gegebenen Lebensbedingungen.*[172] Diese kann auf unterschiedlichen Ebenen realisiert werden.

Die *Ermittlung des Wohlbefindens* von Menschen mit komplexem Unterstützungsbedarf, die nicht oder nur bedingt für sich selbst sprechen können, erfordert spezielle Zugangsweisen. Manchen ermöglicht die Visualisierung von Fragestellungen durch Bilder oder Fotos die Beteiligung an *Befragungen*. Vielen bleibt dieser Weg jedoch verschlossen, weil er die Fähigkeit voraussetzt, Bilder oder Symbole auf den eigenen Alltag beziehen und als Kommunikationsmittel nutzen zu können. Teilweise werden *Befragungen von Selbstvertreter*innen* mit Personen durchgeführt, die die Person gut kennen. Doch auch bei bestem gegenseitigen Vertraut-Sein können Aussagen über das subjektive Erleben eines anderen Menschen nie mehr sein als Vermutungen. Darum sollte zur Annäherung an die subjektive Perspektive nach Alternativen gesucht werden, z. B. durch *teilnehmende Beobachtung*en und durch Aufzeichnen relevanter Situationen per *Video*.

Im Kontext der aktuellen *Inklusionsdebatte* hat das Konzept Lebensqualität einen besonderen Stellenwert[173]:

- Es integriert die aktuell in Wissenschaft und Politik diskutierten *Leitideen* (Selbstbestimmung, Teilhabe, Inklusion).
- Es betrachtet Inklusion aus *unterschiedlicher Perspektive*: als objektives Konzept und aus der subjektiven Perspektive der Menschen, die vor dem Hintergrund eigener Erfahrungen inklusive Bedingungen bewerten, insbesondere hinsichtlich des Zugehörigkeitsgefühls und der persönlichen Zufriedenheit.
- Es ergänzt den Blick auf normative Kriterien, anhand derer die Inklusivität einer Gesellschaft und ihrer Institutionen gemessen wird, durch die *subjektive Interpretation inklusiver Bedingungen*.
- Daraus resultiert die Frage nach den Möglichkeiten von Inklusion für ein *erfülltes und qualitätsvolles Leben* von Menschen mit und ohne Unterstützungsbedarf nach ihren eigenen Vorstellungen.

---

172 vgl. Seifert 2007
173 vgl. Schäfers 2016, 136f.

8.1 Bedeutung für Menschen mit hohem Unterstützungsbedarf

Im Folgenden werden die oben genannten zentralen Dimensionen von Lebensqualität hinsichtlich ihrer Bedeutung für Menschen mit komplexem Unterstützungsbedarf konkretisiert (s. Tab. 3).

Tab. 2: Zentrale Dimensionen von Lebensqualität, eigene Darstellung

Zielperspektive Lebensqualität	
Kerndimensionen[1]	Exemplarische Indikatoren[2]
Emotionales Wohlbefinden	• Identität – Selbstkonzept – Selbstwertgefühl • Anerkennung – Zugehörigkeit – Verstanden-Werden • Achtung der Individualität • Geborgenheit – Sicherheit • Schutz vor Stress und Überforderung • Sexualität • Freiheit von subjektiver Belastung • Psychische Gesundheit • Spiritualität
Zwischenmenschliche Beziehungen	• Persönliche Beziehungen • Zuwendung – Wertschätzung • Dialog – Interaktion • Einbindung in die Gemeinschaft • Soziale Kontakte – Soziale Unterstützung • Hilfen in Krisen – Schutz
Materielles Wohlbefinden	• Bedürfnisorientierte Wohnverhältnisse • Orientierungs- und Strukturierungshilfen • Hilfsmittel – Barrierefreiheit • Persönlicher Besitz – finanzielle Lage • Infrastruktur
Persönliche Entwicklung	• Identitätsbildung • Empowerment: Selbstvertrauen – Selbstbewusstsein – Selbstwirksamkeit • Wahrnehmung – Orientierung – Kompetenzen – Kommunikation • Lernen im Alltag – Aktivitäten außerhalb – Rollenvielfalt (alle Lebensbereiche) • Erwachsenenbildung
Physisches Wohlbefinden	• Gesundheit • Körperpflege – Ernährung • Bewegung – Entspannung • Persönliche Sicherheit – Schmerzfreiheit
Selbstbestimmung	• Individuelle Bedürfnisse, Interessen, Ziele • Wahl- und Gestaltungsmöglichkeiten – eigener Lebensstil • Beteiligung, Mitwirkung (Partizipation)

Tab. 2: Zentrale Dimensionen von Lebensqualität, eigene Darstellung – Fortsetzung

Kerndimensionen[1]	Zielperspektive Lebensqualität Exemplarische Indikatoren[2]
Soziale Inklusion	• Gleichberechtigte Teilhabe am allg. Leben • Einbezogensein – Dazugehören • Übernahme kulturüblicher sozialer Rollen
Rechte	• Gesetze (Land, Bund; international) • Grundprinzipien (Privatsphäre, Respekt, würdevolle Behandlung, Mitwirkung, Nichtdiskriminierung)

[1] (miteinander in Wechselwirkung)
[2] (vgl. Schäfers 2008; Seifert et al. 2001; Schalock & Verdugo 2002; Schalock, Gardner & Bradley 2007)

Emotionales Wohlbefinden

Das emotionale Wohlbefinden ist ein Gradmesser für die Zufriedenheit mit der eigenen Lebenssituation. Es wird gestärkt durch das Gefühl der Zugehörigkeit und des Verstanden-Werdens, der Geborgenheit und Sicherheit, durch Achtung der Individualität und verlässliche soziale Unterstützung sowie Spielräume für Selbstbestimmung im Alltag und das Erleben der eigenen Kompetenz in subjektiv bedeutsamen Bereichen. Manchen Menschen gibt der Glaube Zuversicht und Halt.

Menschen mit komplexem Unterstützungsbedarf tragen ein erhöhtes Risiko für psychische Krisen, die sich u. a. in herausfordernden Verhaltensweisen niederschlagen können. Sie sind Ausdruck einer tiefgreifenden Störung der Austauschprozesse zwischen Individuum und Umwelt, die in der Regel bereits im frühen Eltern-Kind-Dialog entstanden ist und sich im weiteren Verlauf durch immer wieder misslingende oder abbrechende Beziehungen und andere traumatische Ereignisse manifestiert hat. Probleme der Kommunikation, ambivalente Betreuungskonzepte oder -haltungen sowie Gewalterfahrungen können Krisen auslösen. Auch Deprivationserfahrungen hinsichtlich der Befriedigung sexueller Bedürfnisse beeinträchtigen das emotionale Wohlbefinden.

Zwischenmenschliche Beziehungen

Zwischenmenschliche Beziehungen sind ein zentrales Element von Lebensqualität. Sie stehen für die Erfüllung sozialer Bedürfnisse nach Zuwendung und Wertschätzung durch andere, nach Kommunikation und Interaktion. Verlässliche soziale Beziehungen sind die Basis für Entwicklung, Lebenszutrauen und Selbstbewusstsein. Sie erleichtern die Einbindung in die Gemeinschaft und geben emotionalen Halt. Sie sind hilfreich in belastenden Alltagssituationen und psychosozialen oder gesundheitlichen Krisen.

Das soziale Netzwerk von Menschen mit kognitiven Beeinträchtigungen und komplexem Unterstützungsbedarf ist hinsichtlich Umfang und Intensität sehr gering. Es beschränkt sich meist auf Kontakte mit Familienangehörigen, Mitgliedern ihres Wohnbereichs und Professionellen. Zum Schutz vor Vereinsamung brauchen sie Unterstützung bei der Aufnahme von Kontakten und beim Aufbau und Erhalt von Beziehungen – im persönlichen Umfeld, in der Nachbarschaft und der Gemeinde. Beim Zusammenleben in Wohngruppen sind auch das Verhältnis zu den Mitbewohner*innen, die Integration in das Gruppengeschehen und das Verhalten der Mitarbeitenden für das soziale Wohlbefinden von Bedeutung.

Materielles Wohlbefinden

Neben der finanziellen Lage und dem persönlichen Besitz sind die Wohnverhältnisse ein bedeutsamer Faktor des materiell bedingten Wohlbefindens. Sie sollten auf die individuellen Bedürfnisse abgestimmt sein und eine selbstbestimmte Gestaltung des Alltags unterstützen, z. B. durch entsprechende Hilfsmittel, Orientierungshilfen und Barrierefreiheit. Dies gilt in besonderem Maße für Menschen mit komplexem Unterstützungsbedarf. Die Wohnraumgestaltung trägt zum Gelingen des Zusammenlebens bei. Räume können Beziehung stiftend und Kommunikation fördernd wirken und Übergangszonen zwischen Privatheit und Gemeinschaft eröffnen, die eine selbstbestimmte Regulierung zwischen Nähe und Distanz ermöglichen. Zum materiell bedingten Wohlbefinden gehört auch eine gute Infrastruktur im Wohnumfeld, die die Teilhabe am allgemeinen Leben erleichtert, z. B. durch das Vorhandensein von Geschäften, Dienstleistungen und Freizeitangeboten und den Anschluss an den öffentlichen Personennahverkehr.

Persönliche Entwicklung

Das Erleben der eigenen Entwicklung und die Durchführung subjektiv bedeutsamer Aktivitäten schaffen Wohlbefinden. Neben der Erweiterung der Fähigkeiten zur Bewältigung des Alltags und der kommunikativen Kompetenzen sind die Entwicklung der eigenen Identität, die Stärkung des Selbstbewusstseins und die Ausbildung der Fähigkeit zu selbstbestimmtem Handeln von besonderer Bedeutung. Menschen mit schweren Beeinträchtigungen sind in besonderem Maß auf eine Entwicklung anregende und Autonomie stärkende Lebensbegleitung angewiesen. Im Wohnalltag ergeben sich vielfältige Möglichkeiten, in gemeinsamer Tätigkeit aktiv zu sein, die persönlichen Erfahrungen zu erweitern und in subjektiv bedeutsamen Bereichen Kompetenzen zu entwickeln, die mehr Freiräume eröffnen und das Selbstbewusstsein stärken. Weitere Faktoren, die die persönliche Entwicklung fördern, sind abwechslungsreiche Aktivitäten im Alltag, eine regelmäßige Arbeit und Beschäftigung, eine anregende Freizeitgestaltung und Angebote der Erwachsenenbildung.

Physisches Wohlbefinden

Wissenschaftliche Untersuchungen zum physischen Wohlbefinden haben erbracht, dass das Wohlbefinden nicht allein durch einen gesundheitsförderlichen Lebensstil entsteht. Auch als angenehm erlebte soziale Kontakte, persönlich bedeutsame Ereignisse und Zufriedenheit mit den Wohnverhältnissen und der Arbeitssituation wirken sich positiv auf das physische Wohlbefinden aus.

Bei Menschen mit schweren Beeinträchtigungen hat das physische Wohlbefinden einen besonderen Stellenwert. Ihr Gesundheitszustand ist oftmals labil, Körperpflege und Ernährung erfordern besondere Aufmerksamkeit, Bewegung und Entspannung müssen in einem ausgewogenen Verhältnis stehen, der Schutz vor Verletzungen muss gesichert sein. Schmerzzustände bedürfen erhöhter Beachtung. Auch bei diesem Personenkreis resultiert physisches Wohlbefinden nicht allein aus fachgerecht durchgeführten pflegerischen, medizinischen oder therapeutischen Maßnahmen. Erkenntnisse der Schwerstbehindertenpädagogik belegen, dass die Orientierung an individuellen Bedürfnissen in pflegebezogenen Interaktionen Wohlbefinden bewirkt. Darum sind soziale, sensorische und emotionale Aspekte sowie das Erfahren und Entwickeln eigener Kompetenzen durch Mitwirken und eigeninitiatives Handeln wesentliche Bestandteile des Pflegeprozesses.

Selbstbestimmung

Vor dem Hintergrund, dass niemand sein Leben völlig unabhängig gestalten kann, definiert Martin Hahn ein selbstbestimmtes Leben als oszillierende Balance zwischen größtmöglicher Unabhängigkeit, die der eigenen Verantwortung angemessen ist, und der Abhängigkeit von anderen Menschen, die ausschließlich der eigenen Bedürfnisbefriedigung dient.[174] Das Erreichen einer solchen Balance sei eine wesentliche Voraussetzung für menschliches Wohlbefinden und Zufriedensein.

Im Bereich des Wohnens heißt Selbstbestimmung zum Beispiel, die Wohnform selbst wählen zu können, bei der Gestaltung des Alltags mitzubestimmen und aktiv an der Ermittlung der persönlichen Ziele und des Unterstützungsbedarfs beteiligt zu sein.[175] Auch die Mitwirkung in Selbstvertretungsgremien (z. B. einem Wohnbeirat) und die Partizipation an Planung und Evaluation der Angebote sind hier zu nennen. Angebote der Erwachsenenbildung sind geeignet, die Entwicklung der Fähigkeit zur Selbstvertretung und Partizipation zu unterstützen.

Bei Menschen mit komplexem Unterstützungsbedarf können individuelle Empowermentprozesse in alltäglichen Zusammenhängen initiiert und begleitet werden.[176] Grundlegend ist die Anerkennung des/der Einzelnen als eigenständi-

---

174 vgl. Hahn 1994
175 vgl. Seifert 2015
176 ausführlicher zum Leitprinzip Selbstbestimmung s. Kap. 2 (Leitbegriffe) dieser Standards

ge Persönlichkeit und das Respektieren seiner/ihrer Wünsche. Die Erfahrung, ernst genommen zu werden und im Alltag selbst Entscheidungen treffen zu können, z. B. bei der Ernährung, der Kleidung oder Freizeitaktivitäten, stärkt die eigene Identität und das Selbstwertgefühl.

Soziale Inklusion

Im Zeichen von Inklusion kommt Mitarbeitenden von Einrichtungen und Diensten eine Schlüsselrolle zu. Sie müssen ihre Aufgabenfelder erweitern und sich Kompetenzen aneignen, die Inklusionsprozesse unterstützen. Gefragt ist ein professionelles Selbstverständnis, das über die Förderung, Unterstützung und Begleitung des Individuums hinaus geht und die Potenziale des Gemeinwesens in den Blick nimmt. Das heißt konkret: Die personenzentrierte Perspektive muss durch eine sozialraumorientierte Perspektive ergänzt werden, auch bei Menschen mit komplexem Unterstützungsbedarf. Bislang stand ihr Wohlbefinden, die Förderung ihrer Fähigkeiten und der zwischenmenschlichen Beziehungen sowie der Umgang mit Verhaltensauffälligkeiten im Mittelpunkt. All dies waren und sind große Herausforderungen bei der Gestaltung des Alltags. Dabei wird aber oftmals übersehen, dass Menschen mit schweren Beeinträchtigungen nicht nur Bewohner*innen einer Einrichtung sind mit Anspruch auf eine qualitätsvolle Begleitung und Unterstützung, sondern in erster Linie Bürger*innen der Gesellschaft, die bei der Wahrnehmung dieser Rolle besonderer Unterstützung bedürfen. Zu den wesentlichen Aufgaben von Einrichtungen und Diensten gehört es darum, Brücken zu bauen in die Gemeinde, damit das Zusammenleben mit Menschen mit Behinderungen gelingt. Viele Impulse zur Förderung der sozialen Inklusion bietet das Fachkonzept Sozialraumorientierung.[177]

Rechte

Alle Bemühungen zur Realisierung bedürfnisorientierter Unterstützungssettings zur Stärkung des individuellen Wohlbefindens sind eingebettet in rechtliche Vorgaben auf der Ebene des Bundes und der Länder, an denen sich die Arbeit in Einrichtungen und Diensten für Menschen mit Behinderungen zu orientieren hat. Dabei spielen das Bundesteilhabegesetz und die Pflegeversicherung eine zentrale Rolle. Auf internationaler Ebene hat die UN-BRK die Eckpfeiler für die Umsetzung von Inklusion und Partizipation gesetzt. Sie liefert »völkerrechtlich verbindliche Normen für die Gestaltung gleicher Lebenschancen für Menschen mit Behinderung und damit eine universelle Reflexions- und Bewertungsfolie für den gesellschaftlichen Umgang mit Behinderung allgemein wie auch für die Gestaltung von sozialen Unterstützungssystemen«.[178]

---

177 ausführlicher zum Leitprinzip Sozialraumorientierung s. Kap. 2 (Leitbegriffe) dieser Standards
178 Wansing 2017, 19

8.2 Bedingungsfaktoren für das individuelle Wohlbefinden

Deutlich wurde, dass die Bedingungsfaktoren für die individuelle Lebensqualität auf unterschiedlichen Ebenen angesiedelt sind: auf der Ebene des *Individuums in seiner Lebenswelt* sowie auf der *Ebene des Hilfesystems* und des *Sozialraums*. Die jeweils gegebenen Rahmenbedingungen werden durch Politik und Verwaltung bestimmt. Das heißt: Die Umsetzung persönlicher Vorstellungen von Lebensqualität ist immer von gesellschaftlichen Bedingungen und den Wahlmöglichkeiten abhängig, die Menschen mit Behinderung im gegenwärtigen Hilfesystem tatsächlich geboten werden.

Mit Blick auf Menschen mit kognitiven Beeinträchtigungen und komplexem Unterstützungsbedarf ergeben sich konkrete *Gefährdungen des Wohlbefindens*,

> »wenn statt individualisierten Hilfen und individuellen Lebensraumgestaltungen gruppenbezogene Bedarfszumessungen erfolgen; wenn ökonomische oder leistungsbezogene Kriterien die Eröffnung von Lebenschancen begrenzen; wenn aus der Beeinträchtigung auf die Gefühle, das Verhalten, das Wesen des Menschen geschlossen, Behinderung ontologisiert wird, wenn ausschließlich von außen über Zufriedenheit, Lebensfreude und Wohlbefinden, ja sogar Lebenssinn und Lebensrecht geurteilt wird. Diese Gefährdungen berühren die existentiellen Bedingungen der Lebensführung und die Grundlage des Handelns, das Menschenbild.«[179]

Die hier vorgelegten Standards wollen Impulse geben, den Gefährdungen entgegenzuwirken.

Literatur

Beck, I. (1998): Gefährdungen des Wohlbefindens schwer geistig behinderter Menschen. In: U. Fischer, M. T. Hahn, C. Lindmeier, B. Reimann & M. Richardt (Hrsg.): Wohlbefinden und Wohnen von Menschen mit schwerer geistiger Behinderung. Reutlingen: Diakonie-Verlag, S. 273–299.

Felce, D. & Perry, J. (1997): Quality of life: the scope of the term and its breadth of measurement. In: R. I. Brown (Hrsg.): Quality of Life for People with Disabilities. Models, research and practice. 2. Auflage.). Cheltenham: Stanley Thornes (Publishers) Ltd, S. 56–71.

Hahn, M. T. (1994): Selbstbestimmung im Leben, auch für Menschen mit geistiger Behinderung. In: Geistige Behinderung, 33 (2), S. 81–94.

Schäfers, M. (2008): Lebensqualität aus Nutzersicht. Wie Menschen mit geistiger Behinderung ihre Lebenssituation beurteilen. Wiesbaden: VS Verlag für Sozialwissenschaften.

Schäfers, M. (2016): Lebensqualität. In: I. Hedderich, G. Biewer, J. Hollenweger & R. Markowetz (Hrsg.): Handbuch Inklusion und Sonderpädagogik. Bad Heilbrunn: Julius Klinkhardt, S. 132–137.

Schalock, R. L. & Verdugo, M. A. (2002): Handbook on quality of life for human service practitioners. Washington, DC: American Association on Mental Retardation.

Schalock, R. L., Gardner, J. F. & Bradley, V. J. (2007): Quality of Life for people with intellectual und other developmental disabilities. Applications across individuals, organiza-

---

[179] Beck 1998, 285

tions, communities and systems. Washington DC: American association on intellectual and developmental disabilities.

Seifert, M. (2002): Menschen mit schwerer Behinderung in Heimen. Ergebnisse der Kölner Lebensqualität-Studie. In: Geistige Behinderung, 41 (3), S. 202–222.

Seifert, M. (2006): Lebensqualität von erwachsenen Menschen mit schweren Behinderungen. Forschungsmethodischer Zugang und Forschungsergebnisse. In: Zeitschrift für Inklusion-online.net 1 (2). Online verfügbar unter www.inklusion-online.net, Zugriff am 28.06.2020

Seifert, M. (2007): Lebensqualität als Zielperspektive für Menschen mit schweren Behinderungen. In: I. Demmer-Dieckmann & A. Textor (Hrsg.): Integrationsforschung und Bildungspolitik. Bad Heilbrunn: Klinkhardt, S. 197–208.

Seifert, M. (2015): Partizipation von Menschen mit schweren und komplexen Behinderungen im Rahmen professioneller Dienstleistungen. In: M. Düber, A. Rohrmann & M. Windisch (Hrsg.): Barrierefreie Partizipation. Entwicklungen, Herausforderungen und Lösungsansätze auf dem Weg zu einer neuen Kultur der Beteiligung. Weinheim, Basel: Beltz Juventa, S. 364–376.

Seifert, M., Fornefeld, B. & Koenig, P. (2001): Zielperspektive Lebensqualität. Eine Studie zur Lebenssituation von Menschen mit schwerer Behinderung im Heim. Bielefeld: Bethel-Verlag.

Wansing, G. (2017): Selbstbestimmte Lebensführung und Einbeziehung in das Gemeinwesen. Normative Grundsätze und konzeptionelle Perspektiven. In: G. Wansing & M. Windisch (Hrsg.): Selbstbestimmte Lebensführung und Teilhabe. Behinderung und Unterstützung im Gemeinwesen. Stuttgart: Kohlhammer, S. 19–32.

Autorinnen und Autoren

Die Standards wurden erstellt vom Vorstand der Deutschen Heilpädagogischen Gesellschaft mit weiteren Unterstützerinnen und Unterstützern:

Carmen Badura; freiberufliche Dozentin, Gutachterin, Konsulentenarbeit, inklusive Kunstprojekte, Oschatz

Heinz Becker, Achim; bis 2019 Leitung der Tagesförderstätte des Arbeiter-Samariter-Bundes Bremen

Dr. Christian Bradl, Kerpen; bis 2018 Regionalleitung im LVR-Verbund Heilpädagogische Hilfen Jülich

Prof. Dr. Friedrich Dieckmann; Professor für Psychologie in der Sozialen Arbeit an der Katholischen Hochschule Nordrhein-Westfalen, Abteilung Münster, Leitung des Instituts für Teilhabeforschung

David Cyril Knöß; wissenschaftlicher Mitarbeiter an der Goethe-Universität Frankfurt am Main, Institut für Sonderpädagogik

Carsten Krüger; Geschäftsführung von Hamburger Lebenshilfe-Werk gGmbH in Hamburg

Prof. Dr. Vera Munde; Gastprofessorin für Heilpädagogik an der Katholischen Hochschule für Sozialwesen Berlin; Referentin für Unternehmens- und Qualitätsentwicklung der Lebenshilfe Berlin

Andrea Pistorius, Wetzlar; bis 2019 Mitarbeiterin von Vitos Teilhabe in Herborn

Rudi Sack; Geschäftsführung von Gemeinsam Leben Lernen e. V. in München

Dr. Monika Seifert; freie Fachreferentin und Autorin, Berlin; bis 2010 Gastprofessorin an der Katholischen Hochschule für Sozialwesen Berlin

Susanne Siebert; freiberufliche Mediatorin, Trainerin, Coach, Kleve

Prof. Dr. Erik Weber; Professor für Außerschulische Rehabilitationspädagogik mit dem Schwerpunkt Beratung an der Philipps-Universität Marburg

Die Autorin des Vorworts:

Prof. Dr. Iris Beck; Professorin für Pädagogik und Soziologie an der Universität Hamburg

Informationen zur DHG

Deutsche
Heilpädagogische
Gesellschaft e.V.

Wofür engagiert sich die DHG?

Die Deutsche Heilpädagogische Gesellschaft engagiert sich seit 1991 als berufsübergreifender und interdisziplinärer Fachverband für die Verbesserung der Lebensqualität von Menschen mit kognitiver Beeinträchtigung und komplexem Unterstützungsbedarf.

Unterstützt werden innovative Ideen und Projekte zur Verbesserung der Teilhabechancen, vor allem die Entwicklung inklusiver Wohnformen, die Sozialraumorientierung, die Quartiersentwicklung und arbeitsweltbezogene Beschäftigungsangebote.

Im Zuge der Umsetzung der UN-Behindertenrechtskonvention und des Bundesteilhabegesetzes steht aktuell das Ziel der vollen, wirksamen und gleichberechtigten Teilhabe am Leben in der Gesellschaft im Fokus. Dabei versteht sich die DHG als Interessensvertretung für Menschen mit komplexem Unterstützungsbedarf, deren Belange auch bei Reformprozessen von Leistungsträgern und Leistungserbringern systematisch einbezogen werden müssen, um keine neue Exklusion entstehen zu lassen.

Wie engagiert sich die DHG?

- Fachlicher Austausch
- Fachtagungen
- DHG-Schriften
- Newsletter
- Expertisen
- DHG-Preis
- Fachpolitische Stellungnahmen
- Kooperation mit anderen Fachverbänden

Weitere Informationen:
http://www.dhg-kontakt.de
mail@dhg-kontakt.de